wanimation 著

Twinmotion
デザインテクニック

Twinmotion Design Technique

X-Knowledge

本書利用上の注意

■ 本書の記載内容は、2021 年 10 月〜 2022 年 1 月の情報です。以降に製品またはホームページなどの仕様や情報が変更されている場合があります。また、本書を運用した結果については、当社および著者は一切の責任を負いかねます。本書の利用については個人の責任の範囲で行ってください。

■ 本書はパソコンや Windows の基本操作ができ、3D モデリングの基礎を習得された方を対象としています。

■ 本書は Windows10 にインストールした Twinmotion2021.1.4 バージョンで執筆し、その後リリースされた Twinmotion2022.1.2 バージョンで動作確認をおこなっています。記載内容の確認は行っていますが、ご使用のパソコン環境によっては再現できない可能性があります。また、本書記載以外の Twinmotion のバージョンや Windows 以外の OS による操作のちがいについてはサポートしていません。あらかじめご了承ください。

■ Epic Games、Twinmotion、Unreal Engine、およびそれぞれのロゴは、米国およびその他の国における Epic Games,Inc. の商標または登録商標です。その他、本書に掲載されたすべての製品名、会社名などは、一般に各社の商標または登録商標です。

はじめに

まず、本書に興味をもっていただきありがとうございます。

2019 年、Twinmotion が Epic games 社の仲間入りをし、期間限定で無料公開されました。
すぐにダウンロードして Twinmotion の手軽さと品質に驚いたことを今でも覚えています。

私の職業は「建築 CG ビジュアライゼーション業」です。
簡単に言うと建築パース屋さんです。とてもニッチな職業です。。
もしかしたら、初めて聞いた職業という人もいるかもしれません。
最近、SNS などで Twinmotion を使い始めましたという
建築・建設・都市計画などの専門家の方を多く見かけるようになりました。
建築学生の間でも Twinmotion を使用してプレゼンをしている人が増えてきたと耳にします。
3DCG 初心者の方でも、手軽に高品質な作品が作れる Twinmotion を少しでも知ってほしい。
そして建築ビジュアライズ業の楽しさを知ってほしい。
更にはこの業界に興味をもった人たちが増え、発展してほしい。
そんな折、本書のお話を頂き、
少しでも私の願いが皆さんに届くのであればとの思いで本書の制作を進めてまいりました。

Twinmotion は手軽に短時間で高品質な作品が作れる一方、
クオリティーにおいて、他人との差をつけにくいソフトウェアと言われることがあります。
しかし、実際はそんなことはありません。
Twinmotion 自体の機能は有限であり、出来ることは限られているかもしれません。
普段使っている機能の特徴をしっかり理解し、少し気を使って操作してあげるだけで、作品の品質アップが望めます。
そんな手助けをするために、そしていつもよりワンランク上のビジュアライズができるように、
本書ではいくつものテクニックを解説しています。
是非普段の制作に活用していただき、Twinmotion を楽しんでみてください。

この本書を通して、そして Twinmotion を通して、
建築 CG ビジュアライゼーションというニッチな業界が発展し、コミュニティーが活性化することを祈っております。

最後に、本書の制作中には様々なことがありました。
私一人では本の制作なんてできません。
制作に関わっていただいた皆様、そして両親、家族、
今まで建築 CG ビジュアライズの知識を惜しみなく分け与えてくれた先輩・同僚・後輩、
私という人間に関わっていただいたすべての人に感謝いたします。

wanimation
西脇　嗣人

CONTENTS

CONTENTS

CHAPTER **2** **Twinmotion デザインテクニック** ……………… 121

CHAPTER **3** # Twinmotion 操作・設定の解決テクニック

カバーデザイン：chichols
本文デザイン：カインズ アート アソシエイツ
カバーCG：wanimation

購入者特典について

本書の購入者特典として、練習用データ・オリジナルユーザーライブラリデータ・完成イメージ動画を用意しています。練習用データとオリジナルユーザーライブラリデータは、以下のエクスナレッジサポートページからダウンロードできます。各データは下記ページの記載事項を必ずお読みになり、ご了承いただいたうえでダウンロードしてください。

https://www.xknowledge.co.jp/support/9784767829678

ダウンロード

●本データは、ZIP形式で圧縮されています。ダウンロード後は解凍（展開）してご使用ください。ZIP形式ファイルの解凍（展開）方法は、ご使用のWindowsなどOSのヘルプやマニュアルを読んでご確認ください。

●本データは、Windows 10で作成しています。Windows 11や、Macでの動作確認はおこなっておりません。Window10以外のOSでの不具合については、ご質問等を受け付けておりません。

●練習用データは第1章のみ用意しています。Twinmotionファイルは2021.1バージョンで作成したものを、2022.1バージョンに変換しています。

●以下のリンクをクリックするとダウンロードが開始されます。ダウンロードデータの保存方法、保存先などはご使用のWebブラウザの種類やバージョンによって異なります。ご使用のWebブラウザのヘルプやマニュアルを読んでご確認ください。

練習用データ
ch01_data.zip [2.4GB]

ユーザーライブラリデータ
tokuten_userlibraly.zip [4.9MB]

練習用データ

はじめて Twinmotion を使う方のために、「CHAPTER 1　Twinmotion 基礎テクニック」で使用できる練習用データを用意しています。

上記ページの「ダウンロード」にある練習用データのリンクをクリックして、データをダウンロードしてください。ファイルサイズが大きいため、ダウンロードには時間がかかります。

ダウンロードした Zip ファイルを解凍すると、フォルダーに Twinmotion ファイルが表示されます。このファイル名は、1 章の各項目に記載されている「練習用データ」のファイル名に対応しています。

なお、このデータは Windows 10 にインストールした Twinmotion 2021 バージョンで作成し、2022 バージョンに変換しています。Windows11、Mac での動作確認はおこなっておりません。

練習用データ：01-03.tm

本書解説にある練習用データのファイル名

ユーザーライブラリデータ

著者が作成したオリジナルユーザーライブラリデータをダウンロードできます。サポートページの「ダウンロード」にあるユーザーライブラリデータのリンクをクリックして、データをダウンロードしてください。

ダウンロードした Zip ファイルを解凍すると、2 つのユーザーライブラリデータのフォルダーが表示されます。これらの使い方は「CHAPTER 2　Twinmotion デザインテクニック」の該当ページを参照してください。

完成イメージ動画

「CHAPTER 2　Twinmotion デザインテクニック」では、静止画では結果がわかりにくい一部のテクニックに対して、動画で完成イメージを確認していただけます。記載されている QR コードをスマートフォンなどで読み込んで、動画を閲覧してください。

何らかの理由で QR コードが読み込めない場合、またはパソコンで動画を閲覧したい場合は、サポートページにある「関連リンク」から動画を表示してください。「061」以降の動画のリンクは、以下のページにあります。

本書解説にある QR コードの記載

https://www.xknowledge.co.jp/support/978476782967802

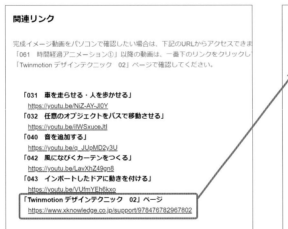

一番下のリンクから 061 以降の動画リンクページへ移動できます

本書についてのお問い合わせ

本書内容についてのお問い合わせは、サポートページの「お問い合わせ」、または書名と該当ページを記載のうえ、info@xknowledge.co.jp からお願いいたします。お電話での質問の受付・回答はおこなっておりません。

なお、パソコンの基本的な使い方、Windows 10 以外の OS での不具合や操作方法、記事に直接関係のない操作方法や問題解決方法、ご使用の環境固有の設定や特定の機器向けの設定などは、本書の範囲外となりますので回答いたしかねます。あらかじめご了承ください。

CHAPTER

0

イントロダクション

Twinmotion とは？

Twinmotion とは、Unreal Engine4 をベースエンジンとして開発された、建築・建設・都市計画・造園の設計者または専門家向けのリアルタイムビジュアライゼーションソフトです。建築・建設・都市計画・造園向けの CAD や BIM、その他 3DCG ソフトで作成した 3D モデルのインポート機能が充実しており、少ない工程で静止画・動画・360°パノラマ・VR のコンテンツが作成可能になっています。

操作と機能は、高品質ビジュアライズが簡単に作成できるように、必要最小限にまとめられており、直感的で分かりやすく、3DCG ソフトの初心者でも短時間で習得可能です。

また、高品質アセットライブラリやプレゼンテーションの手助けとなるツールなど、便利な機能が充実しています。

Twinmotion でモデリングデータを読み込み、ビジュアライズしたインテリアシーン

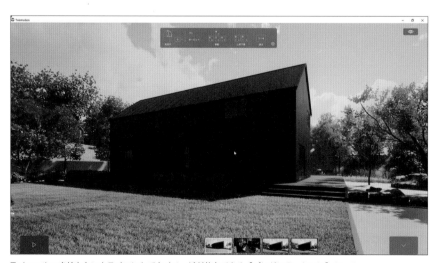

Twinmotion を持たないクライアントでもイメージが共有できる［プレゼンテーション］ツール

入手方法

Twinmotion は、エピックゲームスのウェブサイトまたは販売代理店から入手できます。2022 年 1 月現在、Twinmotion 商用版は永久ライセンスで 59,400 円（税込）です。学生や教育機関なら Twinmotion 教育版が無料で使用できます。また、購入前に機能を試せる体験版（非商用でのみ利用可。機能制限あり）も提供されています。詳しくは Twinmotion のライセンスページ（https://www.twinmotion.com/ja/license）で確認してください。

動作環境

Twinmotion を最小要件（小規模から平均的なプロジェクト向け。VR/4K 動画レンダリング、360 パノラマ動画には不適合）で使用する場合の推奨動作環境は以下のとおりです。なお、下記は 2022 年 1 月現在の情報です。

● Windows

OS：Windows 10 64 bit
グラフィックカード：ベンチマークスコア（※）が 10,000 以上で、最新のドライバを備えた 6GB の専用メモリまたはカード
CPU（プロセッサ）：ベンチマークスコア（※）が 2,000 以上の CPU
システムメモリ（RAM）：16GB 以上
ハードドライブ容量：30GB の空き容量

● Mac

OS：Mac OS X 10.13.6 またはこれ以降のバージョン
グラフィックカード：ベンチマークスコア（※）が 10,000 以上の 6GB の専用メモリまたはカード
CPU（プロセッサ）：ベンチマークスコア（※）が 2,000 以上の CPU
システムメモリ（RAM）：32GB 以上
ハードドライブ容量：30GB の空き容量

※　PassMark SOFTWARE（https://www.passmark.com/）が提供しているビデオカード、CPU のベンチマークスコアを参照

日本語表示にする

Twinmotion を起動すると、初期設定ではインターフェイスが英語表示になっています。本書では日本語表示で操作するため、まず日本語表示にする方法を説明します。

初回起動時の画面

1 メニューバーの [Edit] から [Preferences] を選択します。

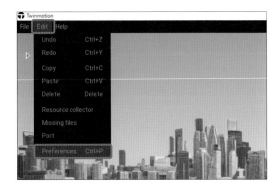

2 開いた環境設定ダイアログで上部にある [APPEARANCE] をクリックします。

③ [Language] の欄をクリックして、表示された
メニューから [日本語] を選択します。[OK]
ボタンをクリックしてダイアログを閉じます。

④ 画面に表示された文字が日本語になりました。画面上部の両端にある三角をクリックします。

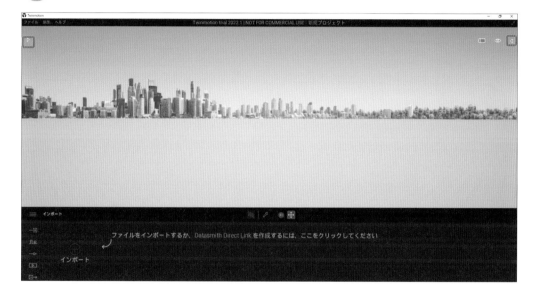

⑤ 両側のパネルが開きます。この部分も日本語で表示されていることが確認できます。

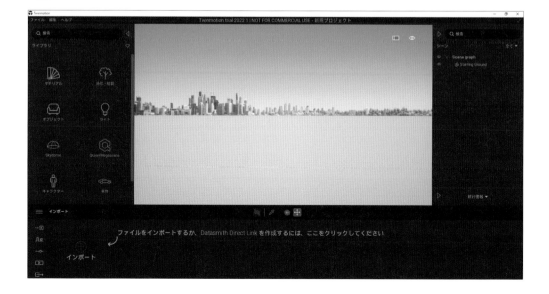

Twinmotion の画面構成

Twinmotion の画面は次のようになっています。ここで解説するバージョンは 2022.1 です。
各部を簡単に説明します。

❶ メニューバー

ファイル操作や編集操作、ヘルプに関する項目をドロップダウンメニューから選択します。

❷ ライブラリパネル

Twinmotion 上に配置できるアセットが格納されています。マテリアルやライト、添景として配置するアセットなどが豊富に用意されています。

HINT　アセット名は英語のまま

日本語表示にしても、アセット名は英語のままです。

❸ ビューポート

現在開いている Twinmotion ファイルを表示します。ここで表示を確認しながら操作します。

❹ シーングラフパネル

現在開いている Twinmotion ファイルにあるオブジェクトを表示します。各オブジェクトの表示／非表示や編集などができます。下部には［統計情報］などのパネルがあります。

❺ ドック

［インポート］［周辺環境］［設定］［メディア］［エクスポート］のタブがあり、それぞれの詳細設定ができるエリアです。また、配置したアセットの情報を表示し、変更することもできます。

❻ 目のアイコン

ビューポート内の右上にある目のアイコンをクリックすると、ビューの表示に関するナビゲーションが表示されます。時刻や移動スピード、ビューの向きなどが変更できます。

❼ ビューポートの表示切り替え

ビューポートの表示をウィンドウモードとフルスクリーンモードに切り替えます。

❽ バーガーメニュー

三本線のマークをクリックして表示します。
メニューバーの［ファイル］メニューの内容と［編集］メニューの一部が 1 つのメニューにまとめられています。

❾ メニューの階層

ドック上部に表示されている文字は、現在操作中のメニューの階層を表示します。ドックのメニューは階層式になっていて、任意の設定を選択するとドッグ内の表示が変わります。前の設定画面に戻りたいときは、ここで戻りたい階層をクリックしてドックの表示を切り替えます。

❿ 変換ツールとマテリアルピッカー

ドック中央上部にあるのが変換ツールとマテリアルピッカーです。変換ツールはオブジェクトの移動や変形時に使うツール(P.22)で、デフォルトでは[移動]ツールが表示されています。左側の矢印をクリックすると[回転]と[縮尺]ツール、さらにギズモを編集する 2 つのツール（P.24）が表示されます。マテリアルピッカーはビューポート内のオブジェクトのマテリアルを取得します。取得したマテリアルはドックに表示され、ここでマテリアルの調整ができます。

⓫ Path Tracer をオン / オフする切り替えボタン

パストレーサー（Path Tracer）によるレンダリングの有効／無効を切り替えます（P.267）。2022 年 1 月現在、Mac または動作要件を満たしていない PC ではパストレーサーを使用できません。

ファイルを開く・保存

ファイルを開いたり、保存したりする操作は、メニューバーの［ファイル］メニューまたはバーガーメニューから実行できます。なお、Twinmotion は 1 つのウィンドウに 1 つのファイルしか表示できないため、複数のファイルを開きたいときはファイルの数だけ Twinmotion を起動します。Twinmotion のファイル拡張子は「.tm」です。

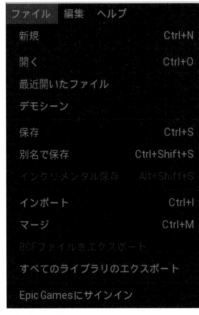

［ファイル］メニュー

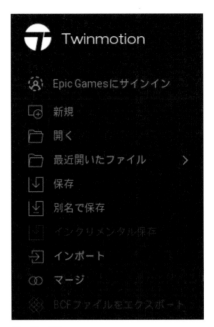

バーガーメニュー

COLUMN **デモシーン**

メニューの［デモシーン］にはデモファイル「Materials room」と「Lakehouse retreat」が用意されています。これから Twinmotion を始める初心者は、このファイルのマテリアルやライト、アセットの使い方などを参考にしてみてください。Twinmotion の機能を試したいときのテストファイルとしても使えます。

Materials room

Lakehouse retreat

視点移動

ビューポート内の視点移動は、キーボードでおこないます。使うキーは「W」「A」「S」「D」キーと「Q」「E」キーです。同様の視点移動は矢印キーや、「Pageup」「PageDown」キーでもできます。視点移動はよく使う操作です。慣れないうちは何度も練習し、スムーズに移動できるようにしておきましょう。

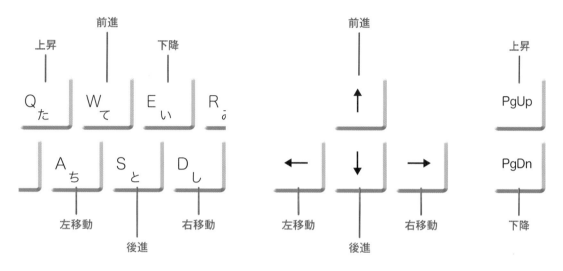

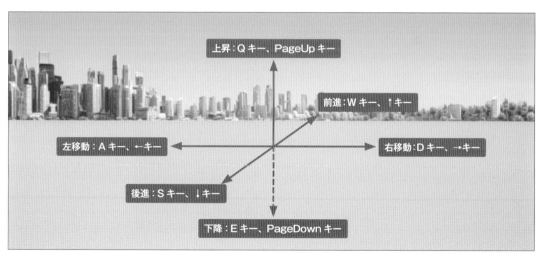

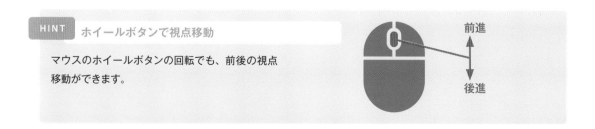

HINT ホイールボタンで視点移動

マウスのホイールボタンの回転でも、前後の視点移動ができます。

前進

後進

マウス操作による視点移動

キー操作による視点移動は、一定方向に移動することしかできません。周囲をぐるっと見るような視点にするときは、マウスを使って操作します。マウスでは「パン」「オービット」「見回す」の3つの視点移動ができます。

● パン

ホイールボタンを
押しながらドラッグ

任意のドラッグ方向に視点を移動できます。

● オービット

Shift キーとホイールボタンを
押しながらドラッグ

任意の位置を中心として、視点を回転させて移動できます。

● 見回す

右ボタンを押しながら
ドラッグ

狭い範囲を見回すような視点移動ができます。

選択にズーム

[選択にズーム]は、選択したオブジェクトをビューポートいっぱいに表示する機能ですが、意図しない場所に視点が移動してしまい、元の位置に戻したい場合にも使えます（P.260）。[選択にズーム]のショートカットキーは、「F」キーです。

1 シーングラフパネルで任意のオブジェクトを選択し、右側のシーングラフメニュー（3つの点）をクリックします。ドロップダウンメニューから[選択にズーム]を選択します。

シーングラフメニュー

2 選択したオブジェクトがビューポートいっぱいに表示されます。

HINT ショートカットキー

ショートカットキーを使う場合は、手順①でオブジェクトを選択した後にFキーを押します。

オブジェクトの操作

選択や移動など、オブジェクトを扱うために必要な操作について解説します。ここではライブラリパネルの［オブジェクト］→［プリミティブ］からドラッグ＆ドロップした任意のオブジェクトを使っています。

選択

任意のオブジェクトを選択するときは、ビューポート内でクリックするか、シーングラフパネルから選択します。複数選択をしたいときには、Ctrl キーを押しながらクリックします。シーングラフパネルでは、Shift キーを使った一括選択もできます。

● 単独選択

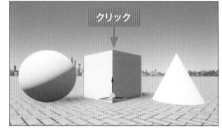

ビューポート

シーングラフパネル

● 複数選択

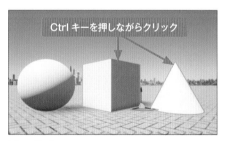

ビューポート

シーングラフパネル

● 一括選択

シーングラフパネル

Shift キーを押しながら2つのオブジェクトをクリックすると、その間にあるオブジェクトも選択される

> **HINT　その他の選択操作**
>
> 全選択は一般的なキー操作と同様に、Ctrl+A キーで選択できます。
> 複数選択から一部を選択解除したいときは、Ctrl キーを押しながら選択解除したいオブジェクトをクリックします。

移動

変換ツール（P.17）で［移動］ツールがオンの状態になっていれば、選択したオブジェクトをドラッグする
だけで移動できます。オブジェクト選択時に表示されるギズモの軸を選択して移動すれば、選択した軸方向
（XYZ）に移動が拘束されます。

① 変換ツールの［移動］ツールがオンになってい
ることを確認します。なっていない場合は下記
「回転」の手順①を参考に［移動］ツールにしてください。

② オブジェクトを選択すると、ギズモが表示され
ます。ギズモの中心部分にマウスポインターを
あわせて軸全体をアクティブ（オレンジ色）にします。

ギズモの中心付
近にマウスポイン
ターを合わせると、
ギズモの軸全体が
アクティブになる

③ その状態でドラッグすると、オブジェクトが移
動します。

ドラッグ

● ギズモの軸による移動

上記手順②のようにギズモの軸全体をアクティブにしてドラッグする
と、自由に移動できます。それに対し、任意の軸だけをアクティブにす
ると、その軸方向しか移動できません。このとき軸上に数値ボックスが
表示されるため、数値入力での移動も可能です。また、ギズモの円弧
部分をアクティブにすると、XY 平面（地面）上で回転できます。

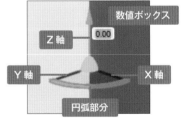

数値ボックス

Z軸　0.00

Y軸　　　X軸

円弧部分

Z軸をアクティブにした状態

回転

オブジェクトを回転させたいときは、変換ツールを［回転］ツールにします。［回転］ツールのままでも、オブジェ
クトの移動はできます。

① オブジェクトを選択し、変換ツール左の←をク
リックして［回転］ツールを選択します。

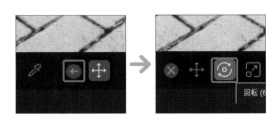

回転（6

② オブジェクトに図のギズモが表示されます。回転したい方向のギズモの円弧にマウスポインターをあわせてアクティブ（オレンジ色）にします。

③ その状態でドラッグ、または数値入力すると、オブジェクトが回転します。

ギズモの円弧軸をアクティブにしてドラッグ、または数値入力

サイズ変更（縮尺）

オブジェクトのサイズを変更させたいときは、変換ツールを［縮尺］ツールにします。ギズモの数値で指定できるのは倍率です。

① オブジェクトを選択し、変換ツールの［縮尺］ツールを選択します。

② オブジェクトに図のギズモが表示されます。ギズモの中心部分にマウスポインターをあわせてギズモ全体をアクティブ（オレンジ色）にします。

縮尺 (7) | F1:

③ その状態で上下にドラッグ、または数値入力すると、オブジェクトが倍率拡大、または縮小します。上にドラッグすると拡大、下にドラッグすると縮小されます。

ギズモ全体をアクティブにして上下ドラッグ、または数値入力

HINT　1方向に拡大縮小

［縮尺］ツール使用時に、ギズモ全体ではなく任意の軸だけをアクティブにしてドラックすると、その軸方向だけを拡大・縮小することができます。

X軸

拡大・縮小がX軸方向に制限される

数値入力による移動・回転・サイズ変更

数値入力による移動・回転・サイズ変更は、ギズモの軸上に表示される数値ボックス（P.22）でもできますが、軸やツールを切り替えながら1方向ずつ入力しなくてはなりません。シーングラフパネル下の［統計情報］から選択する［トランスフォーム］を使うと、これらの数値入力がXYZ方向で同時に指定できます。

① オブジェクトを選択したらシーングラフパネル下の［統計情報］のパネルを開きます。［統計情報］をクリックして開くメニューから［トランスフォーム］を選択します。

② ［トランスフォーム］パネルが開きます。位置（移動）、回転、倍率（サイズ変更）をXYZの数値入力で指定できます。

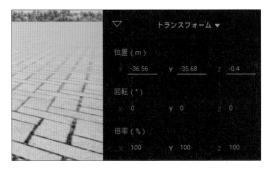

COLUMN **ギズモの位置を調整する**

2022バージョンでドック中央上部にギズモの位置を調整できる2つのツール［ローカル / ワールド軸の切り替え］と［軸を編集する］が追加されました。［ローカル / ワールド軸の切り替え］は、ギズモの軸を3D空間全体を基準にしたXYZ方向（デフォルト。ワールド軸）から、オブジェクトの配置面を基準にしたXYZ方向（ローカル軸）に切り替えられる機能です。たとえば斜面にオブジェクトを配置した場合、デフォルトのワールド軸だと面に沿ったオブジェクトの移動やコピーがうまくできません。これをローカル軸に切り替えると、面に沿った移動やコピーが一発でできるようになります。［軸を編集する］は、オブジェクトの基点となるギズモの位置を変更できるツールです。［軸を編集する］ツールをクリックすれば、ギズモを基点にしたい位置に移動できます。長押しして表示される［軸のリセット］を選択すればギズモは元の位置に、［中心軸］を選択すればオブジェクトの底面の中心に移動します。

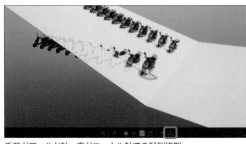

手前がワールド軸、奥がローカル軸での配列複製

基点（ギズモ）を任意の位置に移動できる

オブジェクトの複製（コピー）

オブジェクトを複製（コピー）は、同位置に1つだけコピーする方法と、配列複製する方法があります。

● 同位置に1つだけ複製

1 オブジェクトを選択し、Ctrl + C キーを押し、続けて Ctrl + V キーを押します。

2 ［コピー］ダイアログが開きます。［インスタンス］または［コピー］を選択して［OK］をクリックします。

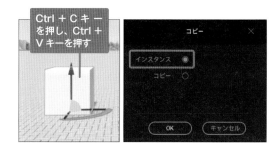

3 オブジェクトが同位置に1つコピーされました。ギズモの軸をドラッグして複製したオブジェクトを移動（P.22）します。

● 配列複製

1 オブジェクトを選択し、複製したい方向のギズモの軸をアクティブにします。Shift キーを押しながら、ギズモの軸をドラッグします。

2 軸方向に1つコピーされると、［コピー］ダイアログが開きます。［インスタンス］または［コピー］を選択し、複製する［数］と［間隔］を指定して［OK］をクリックします。［間隔］に表示されている数値は、現在コピーされているオブジェクトと元オブジェクトとの間隔です。

3 オブジェクトが軸方向に指定された数、間隔で配列複製されます。

[コピー] ダイアログで [インスタンス] を選択すると、コピー元のアセットの設定情報を共有した状態で複製されます。コピー元のオブジェクトのマテリアルを変更すると、インスタンスで複製されたオブジェクトは同じようにマテリアルが変更されます。これに対し、[コピー] を選択して複製したオブジェクトは形が同じでも独立したオブジェクトになり、コピー元のオブジェクトの設定が変更されても影響は受けません。

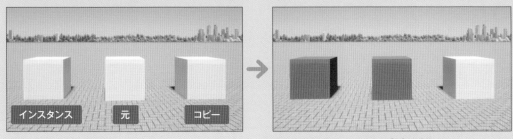

インスタンスとコピーで複製　　　　　　　　　　　　　　元オブジェクトのマテリアルの [色] を変更

Twinmotion と CAD、BIM、モデリングソフトを連携させる

CAD や BIM、モデリングソフトで作成した 3D モデルのファイルを Twinmotion と連携させるプラグインが、Twinmotion のプラグインページ（https://www.twinmotion.com/ja/plugins）で無償提供されています。このプラグインをインストールすると、使用しているソフトウェアに Twinmotion と連携するツールやコマンドが表示され、ソフトウェアと Twinmotion 間でのスムーズなデータのやり取りが可能になります。このプラグインに対応しているソフトウェアは、現在、Archicad、Revit、SketchUp Pro、3dsMax、Rino など 11 種類あります。

BASIC TECHNIQUES

Twinmotion
基礎テクニック

建物データを読み込む

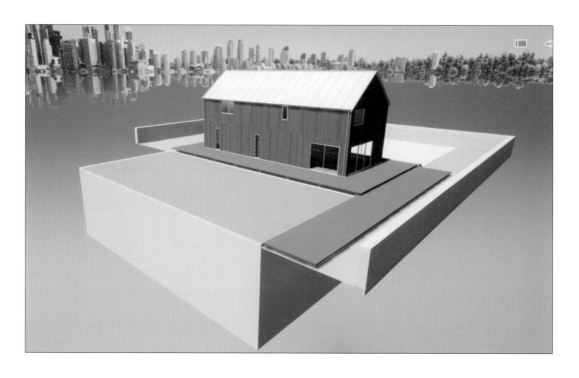

建築用途の場合、最初に CAD やモデリングツールで作成した３Dの建物データを読み込みます。ここでは 3dsMax で作成し、datasmith 形式で書き出した建物データを使います。

> 練習用データ：「Datasmith」フォルダー

読み込みたい建物データを選択する

1 ドックの［インポート］から［インポート］の ＋マークをクリックします。

2 表示されたダイアログで［ジオメトリ］を選択し、 ［開く］をクリックします。

③ ［インポート］ダイアログが開きます。読み込みたい建物データ（ここでは「Datasmith」フォルダーの「House.udatasmith」）を選択して［開く］をクリックします。

インポート可能なファイル形式

Twinmotion のインポートでサポートされている主なファイル形式は、.udatasmith、.fbx、.obj、.skp、.c4d です。他にも、.3ds .dae .ply .stl など、さまざまなファイル形式をサポートしています。2022 バージョンから点群データもインポートできるようになりました。

再構成の方法を選択する

④ 手順②のダイアログに戻ります。［オプション］をクリックして展開し、［再構成］から［オブジェクト階層を維持する］を選択して［インポート］をクリックします。

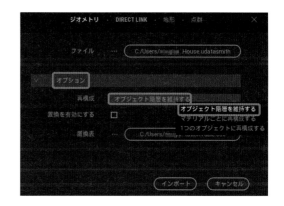

⑤ 建物データが読み込まれました。シーングラフパネルを見ると、モデリング時のオブジェクト階層が維持されたまま読み込まれていることがわかります。

6 シーングラフパネルの「Starting Ground」の目のマークをクリックして地面を非表示にし、視点を移動しながら読み込んだデータの全形を確認します。

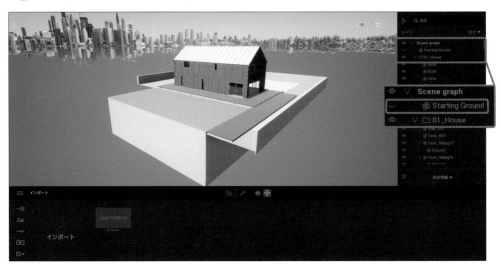

HINT　［オプション］の［再構成］

［オプション］の［再構成］には、手順④で選択した［オブジェクト階層を維持する］のほかに2つの項目があります。［マテリアルごとに再構成する］を選択すると、モデル作成時に割り当てたマテリアルごとにオブジェクトが分類されます。同じマテリアルのものは1つのオブジェクトとして認識されるため、その中の1つだけを個別に編集することはできません。［1つのオブジェクトに再構成する］を選択すると、建物全体が1つのオブジェクトとして読み込まれます。以降1オブジェクトとして扱われ、部分ごとの編集はできません。

マテリアルごとに再構成する

1つのオブジェクトに再構成する

背景を変更する

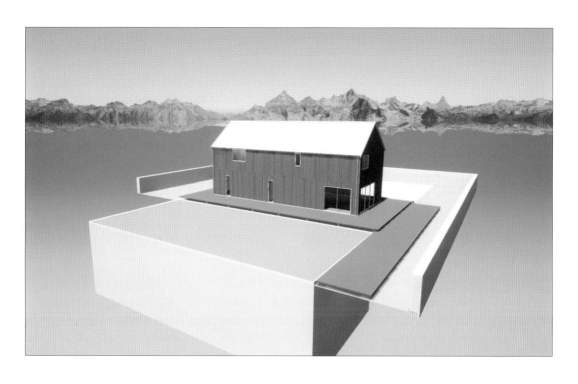

デフォルトのビューポートでは、奥にビル群が表示されています。これが背景です。この背景を変更する方法を説明します。また地面を削除する方法や、背景を回転させる方法も紹介します。

練習用データ：01-02.tm

地面を削除する

1 前項から続けて操作すると、地面「Starting Ground」が非表示になっています。これを削除します。シーングラフパネルの「Starting Ground」の目のマークをクリックして、地面を表示します。

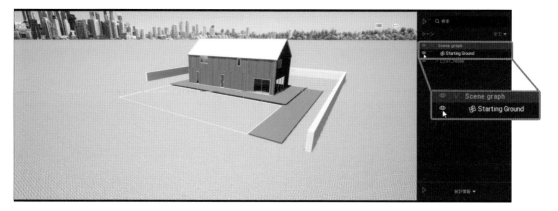

2 シーングラフパネルの「Starting Ground」を選択します。そのまま Delete キーを押すか、右クリックして表示されたメニューから［削除］を選択します。

3 シーングラフパネルから「Starting Ground」が削除され、ビューポートに地面が表示されなくなりました。

背景画像を変更する

1 背景を変更します。ドックの［設定］から［ロケーション］を選択します。ドックの表示が切り替わったら一番右の［背景］をクリックします。

2 ［背景］の設定に切り替わります。［画像］をクリックすると選択可能な背景画像が表示されます。デフォルトの背景は［市街］の画像です。［無し］をクリックすると、何もない背景になります。ここでは［山並み］を選択します。

> **HINT**　**背景画像を回転する**
>
> ［画像］の右にある［回転］のバーを上部にドラッグすると、ビューポートの背景が360°回転します。

(3) 背景が［山並み］になりました。

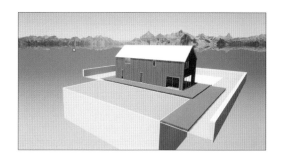

スカイドームで天空の背景を設定する

2022 バージョンでライブラリパネルに「Skydome」（スカイドーム）が追加されました。スカイドームは HDRI を利用した天空の背景です。さまざまな種類の空が用意されていて、ライブラリパネルから任意のスカイドームをドラッグ＆ドロップするだけで、雰囲気のある天空の背景が設定できます。なお、スカイドームの初回利用時はダウンロードが必要です（P.49 参照）。

ライブラリパネルのスカイドームの種類［午前と午後］、［正午］、［Low Sun］の違いは太陽の高さです。正午の太陽が一番高く、Low Sun が一番低くなります。次の階層では［晴れる］、［曇り］、［オーバーキャスト］の順で雲の量が増えます。

スカイドームをドラッグ＆ドロップすると、ドックにスカイドームの調整項目が表示されますが、パストレーサーを使用しない場合は、基本的にデフォルトの設定でよいでしょう。［回転］は［背景］と同じように天空を回転できます（P.32）。［強度］は空の明るさと影を調整できますが、ここで調整するよりもドックの［設定］→［ライト］にある［太陽の強度］で調整したほうがきれいに調整できます。

003

太陽の位置を設定する

建物を読み込んだ時点では、水盤（P.39）側から太陽が当たっている状態です。この状態だとマテリアルの正確な色がわかりにくいため、編集しやすいように太陽を設定します。実際に書き出すときは、シーンのイメージに合わせて、太陽の位置を再設定する必要があります。

練習用データ：01-03.tm

太陽の設定

1 ドックの［設定］から［ロケーション］を選択します。

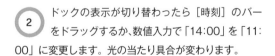

2 ドックの表示が切り替わったら［時刻］のバーをドラッグするか、数値入力で「14:00」を「11:00」に変更します。光の当たり具合が変わります。

HINT 影の長さ

14時とくらべると11時のほうが影が長くなっています。影は建物の高さと同じくらいの長さにすると、マテリアルの色や明るさに変化が出て、調整しやすくなります。

14時

11時

3 ［北方向］を調整します。バーをドラッグするか、数値入力で「0°」を「90°」に変更します。これで影の角度が建物に対して30度くらいになりました。この太陽の位置を練習用の太陽とします。

 →

影が30度くらい

プチ

デザインテクニック **編集時の太陽は陰影の差が出るように調整する**

編集用の太陽の設定は、各面の陰影の差がはっきり出るように調整したものです。太陽が当たって明るい面、ほどほどに明るい面、影で暗くなる面の3つにわけることができました。これで光の当たり具合によるマテリアルの表現がわかりやすくなり、あとの作業がスムーズになります。

影で暗くなる面

明るい面

ほどほど明るい面

004

マテリアルを割り当てる

Twinmotion のマテリアルはライブラリパネルから選択できます。ここではマテリアルの割り当てと、色や反射などの調整について説明します。

練習用データ：01-04.tm

マテリアルを割り当てる

1 ライブラリパネルを開き、[マテリアル] をクリックするとマテリアルのカテゴリーが表示されます。ここではデッキにマテリアルを割り当てるため、[木材] をクリックします。

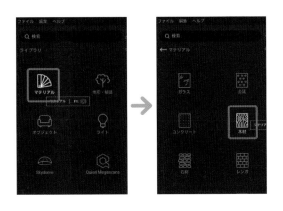

2 さまざまな木材のマテリアルが表示されます。任意のマテリアル（ここでは「Rough planks」）を選択し、ビューポートのデッキへドラッグ＆ドロップします。マテリアルが割り当てられました。ドラッグ先と同じマテリアルが使われていたオブジェクトも、同時に新しいマテリアルに置き換わります。これはデフォルトで［マテリアルを置換］に設定されているためです（→次ページコラム）。

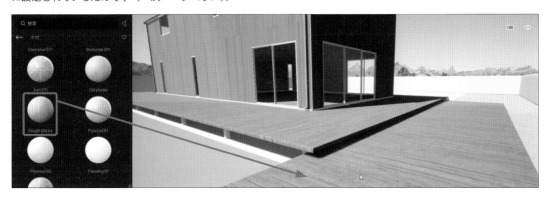

> **HINT** マテリアルのイメージビュー
>
> 任意のマテリアルにマウスポインターを合わせると、ライブラリパネル右側にイメージビューが表示されます。
>
>

色や反射を調整する

1 まず、色を調整します。ドックのプレビューに選択したマテリアル（ここではデッキのマテリアル）が表示されていることを確認し、［色］をクリックします。

2 ［カラーピッカー］ダイアログが開きます。円やバーで色を選択したり、数値入力で色指定したりできます。ここではグレー寄りの色にしたいため、中央のバーを少しだけ黒側にドラッグしました。［OK］をクリックすると、デッキの色が変わります。

 →

(3) 次に反射を設定します。ドックの［反射］のバーをドラッグし、任意の反射率（ここでは 80%）に設定します。デッキが反射するようになりました。

プチ

デザインテクニック　［反射］の設定

［反射］を 100%にするとニスを塗ったような過剰な表現になってしまいます。かといって 0%にすると何も反射されず、味気ない絵になりがちです。建築ビジュアライズでは光の反射や映り込みが欠かせません。木材でも 70 〜 80%の反射率を設定すると光の効果が十分に得られます。

反射 100%

反射 0%

反射 70%

COLUMN　マテリアルを置換

マテリアルの調整時には、ドック中央上部に図のツールが表示されます。これが［マテリアルを置換］ツールです。このツール右下の▼をクリックすると［オブジェクトに適用］ツールに切り替わります。［マテリアルを置換］がデフォルトで、マテリアルに変更を加えると同じマテリアルの部分すべてに変更が適用されます。［オブジェクトに適用］に切り替えると、選択したオブジェクトのマテリアルのみに変更が適用されます。用途に応じて使い分けてください。

［オブジェクトに適用］
＝選択オブジェクトのマテリアルのみ変更

水盤をつくる

庭などに用いられる水盤もマテリアルで表現できます。水の底にもマテリアルを割り当て、それを透過させれば水の透明度も表現できます。

練習用データ：01-05.tm

水を表現する

1 ライブラリパネルで［マテリアル］をクリックし、パネルをスクロールして［水］をクリックします。

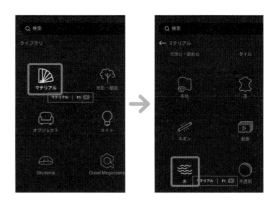

②　水のマテリアルが一覧表示されます。任意のマテリアル（ここでは「Lake 02」）を選択し、水盤の位置へドラッグ＆ドロップします。水のマテリアルが割り当てられました。

③　マテリアルを調整します。ここではドックの［色］をクリックし、［カラーピッカー］ダイアログ（P.37）で青色を抑えるように調整しました。また、浅い水盤にするため［最大深さ］は「0.5m」とし、［波の強度］は「20%」にして表面の波を穏やかにしました。

水底にマテリアルを割り当てる

①　水のマテリアルをクリックして選択します。シーングラフパネルを開き、選択状態になっている「Water」の目のマークをクリックして非表示にします。

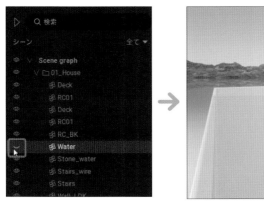 →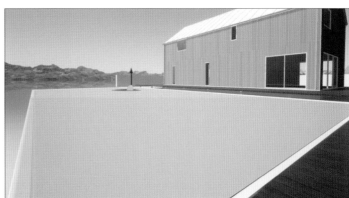

2 ライブラリパネルで［マテリアル］をクリックし、［地面］→［自然］を開きます。任意のマテリアル（ここでは「Pebbles」）を水盤の位置へドラッグ＆ドロップし、水底のマテリアルを割り当てます。

3 シーングラフパネルの「Water」の目のマークをクリックして、水を表示します。水底が見え、水の透明感が表現されました。

 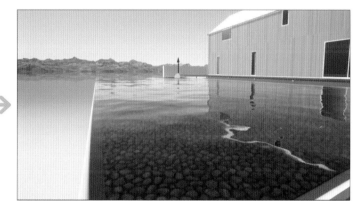

006

木目を適切に表現する

木材のマテリアルを割り当てると、木目が長手方向にならなかったり、木目の大きさが適切でなかったりする場合があります。木目の向きや大きさを変える方法を説明します。

練習用データ：01-06.tm

木目の向きを変える

1 練習用データの建物は板壁を想定していて、10種類ほどのマテリアルを割り当てています。そのうちの１つにライブラリパネルから任意の木材のマテリアル（ここでは「Chestnut 05 G」）を割り当てる（→ P.36）と、木目が横方向に割り当てられました。

2 この木目を縦方向（長手方向）にします。ドックの［縮尺］の右下にある［詳細］をクリックします。

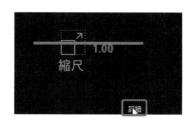

③ ドックの表示が切り替わったら、［回転］の数値に「90」と入力します。木目が縦方向になりました。

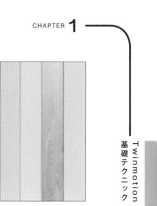

木目の大きさを変える

① デッキで木目の大きさを変更してみます。ドック中央上部の［マテリアルピッカー］を選択してデッキをクリックすると、デッキのマテリアルがドックに表示されます。マテリアルピッカーは、すでに割り当てられているマテリアルの属性を取得するときに使います。この中の［縮尺］で木目の大きさを変更できます。

② ［縮尺］の数値を大きくすると木目が大きくなり、数値を小さくすると木目が小さくなります。デッキ材のマテリアルでは板の大きさも変わります。確認したら［縮尺］を元の「1.00」に戻しておきましょう。

縮尺＝2.00

縮尺＝0.50

007

類似マテリアルをつくる

あるマテリアルをベースにして類似したマテリアルをつくりたい場合、同じ設定を繰り返して1つずつ作成するよりも、ベースとなるマテリアルを複製して編集したほうが効率的です。

練用習データ：01-07.tm

マテリアルを複製する

(1) この建物は壁材を黒っぽい木材にしたいため、前項で木目の向きを変えたマテリアルの色を黒めに設定しました。これをベースのマテリアルとします。

2 このベースマテリアルに名前を付けます。ドックのプレビュー上部にあるマテリアルメニュー（3つの点）をクリックし、[名前の変更] を選択します。

3 マテリアルの名前がハイライト表示されたら、任意の名前（ここでは「M_wood_01」）に変更します。再びマテリアルメニューをクリックし、[複製] を選択します。

4 マテリアルの複製を確認します。プレビュー右下にある [全て / 選択したマテリアルを表示] をクリックします。

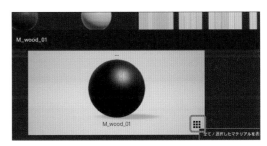

5 プレビューが現在使用されているマテリアルの一覧に切り替わります。名前を変更したマテリアルが2つあり、複製されたことがわかります。

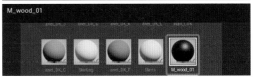

6 複製されたマテリアルも、手順②と同様にして名前を変更（ここでは末尾を02）します。

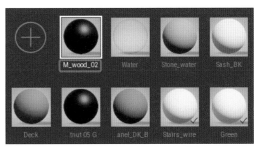

複製したマテリアルを編集する

7 複製したマテリアルを任意の壁材（まだマテリアルを適用していない壁材）へドラッグ＆ドロップします。

8 プレビューの表示を選択したマテリアルに切り替えて（手順④参照）、［色］を少しだけ明るくします。これで明るさだけを変えた類似マテリアルができました。

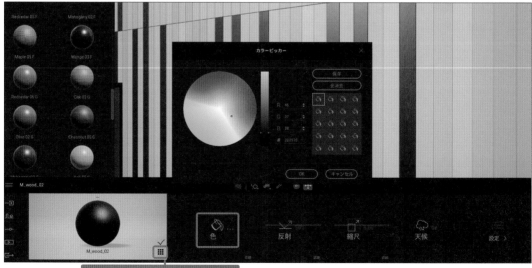

ここでプレビューの表示を切り替え

デザインテクニック 　**類似マテリアルで壁の濃淡を表現**

明るさを少しずつ変えた類似マテリアルを複数作成し、ランダムに配置するだけでも、壁に濃淡ができてイイ感じに仕上がります。ここでは5種類の類似マテリアルをつくってランダムに配置しました。配置し終えたら、全体のバランスを見て、色を調整し直してください。

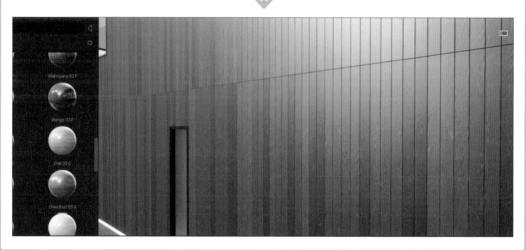

008

高品質アセット「Megascans」を使う

Twinmotion 2021 バージョンからライブラリパネルに高品質アセット「Quixel Megascans」（以下「Megascans」と表記）が標準搭載されました。高品質なマテリアルも多数用意されているため、表現にこだわりたいときは使用をおすすめします。ただし、高品質ゆえにアセットの使用数が増えるほど、データは重くなります。

練習用データ：01-08.tm

Megascans のマテリアルを割り当てる

1 ライブラリパネルの［Quixel Megascans］をクリックすると、4つのカテゴリーが表示されます。［Surface］がマテリアルです。［Surface］をクリックします。

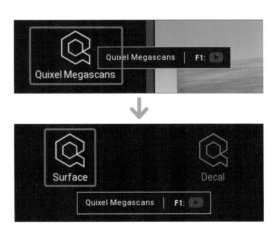

2 マテリアルが素材ごとに分かれています。任意の素材を選択（ここでは [Stone] → [Pebbles]）して開くと、マテリアルが一覧表示されます。

3 Megascans のアセットやマテリアルはダウンロードしないと使えません。使いたいマテリアル（ここでは「Beach Pebbles」）を選択して、右上のダウンロードマークをクリックします。ダウンロードが完了するとマークが消えます。これで使用可能になります。

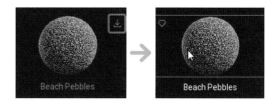

HINT **ダウンロードマークが表示されない**

アセットはサインインしていないとダウンロードできず、ダウンロードマークもアクティブになりません。マテリアル右上にマウスポインターを移動して「サインインしてダウンロードしてください」と表示された場合は、バーガーメニュー（P.17）から [EpicGames にサインイン] を選択してサインインしてください。

---

4 マテリアルの割り当ては P.37 の方法と同じです。既定のマテリアルを Megascans のマテリアルに変更してみると、よりリアルな表現になったことがわかります。

既定のマテリアル

Megascans のマテリアル

009

家具を配置する

ライブラリには家具のアセットも用意されています。家具の配置もマテリアルと同じく、ドラッグ＆ドロップするだけです。ここでは家具の配置のほかに、部屋の雰囲気に合わせた色の調整や大きさの変更についても説明します。

> 練習用データ：01-09.tm

家具を配置する

1 ソファーを配置してみます。ライブラリパネルで[オブジェクト]をクリックし、[住宅・事務所] → [リビングルーム] → [ソファー]をクリックして開きます。

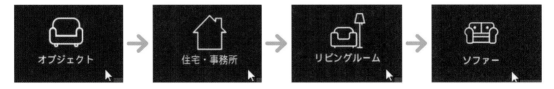

② 任意のソファー（ここでは「Vixen right」）を選択し、ビューポートにドラッグ & ドロップします。

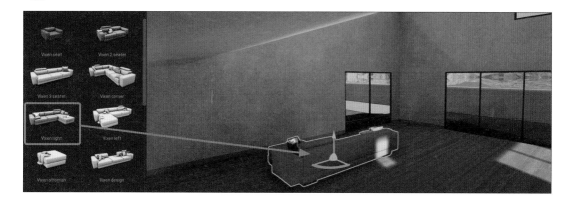

③ ソファーの向きを変えます。ソファーのギズモの円弧部分をドラッグするとソファーが回転します（P.22）。掃き出し窓に向いた位置で確定します。移動が必要な場合は P.22 の方法でソファーを移動してください。

家具の色を変える

① 色を変更します。マテリアルピッカー（P.43）をクリックし、ソファーの布地をクリックします。ドックに布地のマテリアルの属性が表示されます。

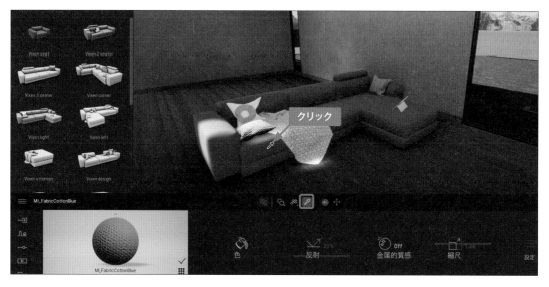

② ［色］をクリックして［カラーピッカー］ダイアログを表示し、色を調整したら［OK］をクリックします。ここでは黒寄りに調整しました。

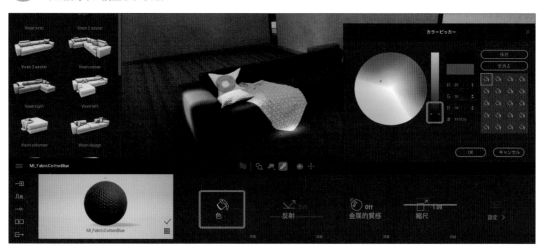

③ よく見るとヘッドレストの色が変わっていません。ヘッドレストを調整した色に合わせます。マテリアルピッカーで調整したソファー本体の布地をクリックします。

④ 手順②の方法で［カラーピッカー］ダイアログを開きます。［#］の番号を選択し、Ctrl + C キーを押してコピーしたら、［OK］をクリックします。

⑤ マテリアルピッカーでヘッドレストの布地をクリックし、同様に［カラーピッカー］ダイアログを開きます。［#］の番号を選択し、Ctrl + V キーを押してコピーした番号をペーストしたら、［OK］をクリックします。ヘッドレストがソファー本体と同じ色になりました。

HINT　色番号をコピー

[#] の色番号を使うと、調整した色に一発で合わせることができて便利です。たとえばライブラリパネルの [ソファー] にある白いオットマンを配置してソファー本体の色に合わせれば、ソファーセットのように表現できます。

家具の大きさを変更する

1 壁に収納棚を配置してみます。ライブラリパネルの [リビングルーム] の [収納] から任意の棚（ここでは「Simple shelf 150x25」）を図の壁にドラッグ & ドロップし、適当な位置に配置します。

2 棚を壁の幅に合わせたいので、棚の大きさを変更します。変換ツールの←をクリックして表示されたツールから [縮尺] を選択します。

3 ギズモの中心部分にマウスポインターを合わせてギズモ全体をアクティブにし、上方向にドラッグして拡大します。棚が壁の幅と同じくらいになったら、変換ツールを [移動] ツールに戻して位置を調整します。

④ 同様にして、ライブラリパネルの ［リビングルーム］ の ［電気製品］ にある壁掛けテレビ（ここでは「Wall tv 01」）を配置し、拡大しました。棚の上の花びんがテレビにかかってしまうため、花びんを縮小します。

⑤ 棚と小物は親子付けされています。花びんをダブルクリックすると花びんだけが選択されます。その状態で Ctrl キーを押しながらもう 1 つの花びんも選択します。

⑥ 手順②③と同様にして、ギズモ全体をアクティブにしたら、今度は下方向にドラッグして花びんを縮小し、大きさを調整します。

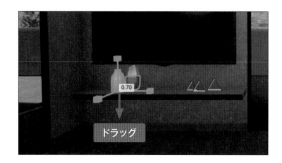

家具の位置を合わせる

Twinmotion ではスナップが利かないことや、アセットの正確な大きさがわからないことから、家具同士を完全に揃えて配置するのは難しいです。ただ、X または Y の位置を合わせられる場合は、P.24 で説明した［トランスフォーム］の［位置］の値を同じにすると、目分量で合わせるよりきれいに揃えられます。

練習用データ：01-10.tm

家具の位置を合わせる

1 ライブラリパネルの［オブジェクト］→［住宅・事務所］→［キッチン］→［収納］を開き、アイランド「Timber island」、シンク「Timber sink」、ドレッサー「Timber dresser L」を組み合わせて、図のように配置します。必要に応じて回転や移動（P.22）をして組み合わせてください。

② シンクとドレッサーがだいたい同じ大きさのため、この2つのYの位置を合わせてみます。シンクを選択して
シーングラフパネル下の［統計情報］をクリックし、表示されたメニューから［トランスフォーム］を選択します。

③ 左の▽をクリックして、トランスフォームのパネルを展開します。［位置］の［Y］を「－2」に変更します。
シンクが移動します。

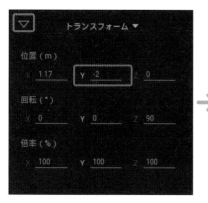 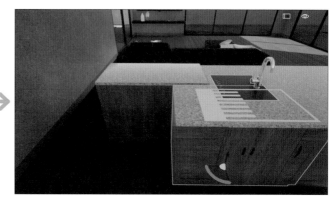

④ この例ではアイランドに重なってしまったので、アイランドを移動して離します。次にドレッサーを選択して、
同様に［位置］の［Y］を「－2」に変更します。シンクとドレッサーのY位置が揃います。

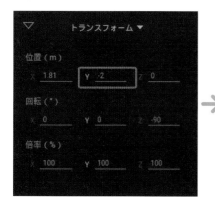 

(5) 奥行きがわからないため、この2つの［X］は数値で揃えられません。ここはギズモのX軸をドラッグしてシンクとドレッサーの位置を合わせます。

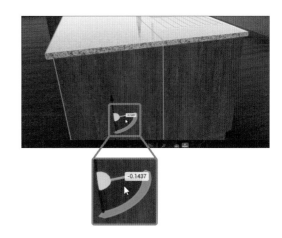

(6) 同様にしてアイランドとシンクの［X］をそれぞれ「1」に変更し、X位置を揃えます。

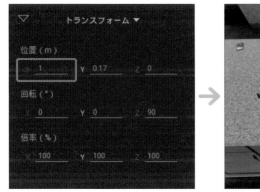

(7) 手順⑤と同様にして、アイランドのギズモのY軸をドラッグしてシンクとドレッサーに合わせます。目分量より精度を高めた位置揃えができました。

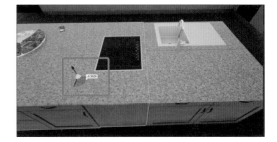

シーングラフパネルを整理する

家具の配置を始めると、どんどんアセットが増えてシーングラフパネルが煩雑になってしまいます。ここではシーングラフパネルを整理する方法をいくつか紹介します。

練習用データ：01-11.tm

親子付けで 1 オブジェクト

1 前項で配置したアイランドキッチンは現在 3 つのアセットを並べています。これを親子付けで 1 オブジェクトにします。シーングラフパネルを開き、Ctrl キーを押しながらシンクとドレッサーを選択して、アイランドへドラッグ & ドロップします。

2 これで親子付けが完了です。アイランドを親にした 1 オブジェクトになり、選択や移動がまとめてできます。

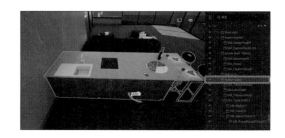

新しいコンテナにまとめる

① ここまでに配置した家具のアセットを1つのコンテナ（フォルダー）にまとめます。シーングラフパネル一番上の「Scene graph」を選択し、右にあるシーングラフメニュー（3つの点）をクリックします。表示されたメニューから［新規コンテナ］を選択します。

> **HINT** **シーングラフメニュー**
>
> シーングラフメニューは、オブジェクトを選択して右クリックしても表示できます。

② 新しいコンテナが作成されます。名前を変更（ここでは「Funiture_LDK」）します。

③ Ctrl キーまたは Shift キー（P.21）を使って、配置した家具すべてを選択し、新しいコンテナへドラッグ & ドロップします。

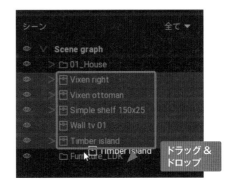

④ 家具が1つのコンテナにまとまりました。

指定したコンテナで作業する

① 作成したコンテナに家具をまとめても、次の家具を配置すると「Scene gragh」の直下にアセットが追加され、作成したコンテナには入りません。

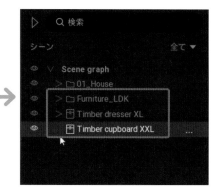

② これから配置するアセットが指定したコンテナに入るように設定します。コンテナ（ここでは「Funiture_LDK」）を選択してシーングラフメニューを開き、[このコンテナで作業する] を選択します。

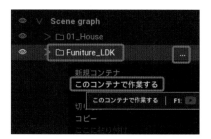

③ 指定したコンテナが少し太字になります。この状態で家具を配置すると、自動的に指定したコンテナに入ります。

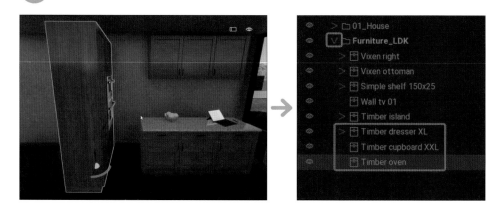

HINT [このコンテナで作業する] が有効な時間

[このコンテナで作業する] が有効なのは、ファイルを開いて作業している間だけです。その状態で保存しても、再びファイルを開くと [このコンテナで作業する] の設定は無効になります。ファイルを開いて作業を始めるときは、[このコンテナで作業する] を設定し直しましょう。

デカールをアクセントに使う

デカールとはステッカーやペイントのようなアイテムで、面に貼って使います。Twinmotion には路面標識、マンホール、グラフィティなどのデカールが用意されています。建物にはアクセントとして使用するのがいいでしょう。

練習用データ：01-12.tm

デカールを配置する

1 ライブラリパネルから[オブジェクト]→[デカール]を開きます。

> **HINT** 「Funiture_LDK」コンテナで作業する
>
> デカールを「Funiture_LDK」コンテナに入れる場合は、前ページを参考に［このコンテナで作業する］を設定してください。

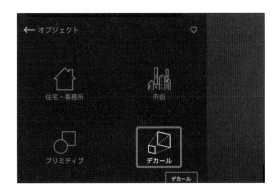

② 任意のデカール（ここでは「Zebra crossing」）を選択して、壁へドラッグ＆ドロップします。壁にデカールが配置されました。

③ 左側の壁にもデカール（ここでは「US_style crossing」）を配置してみました。デカールは配置面に添って自動的に向きが変わります。

プチ

デザインテクニック　**用途にこだわらず使ってみる**

ここでは横断歩道のデカールをインテリアに使用しました。道路で使用するデカールですが、インテリアのアクセントとしても十分使えます。いろいろ試してオリジナルの使い方を見つけてください。

デカールを重ねる

① デカールは重ねて配置できます。先に配置したデカールの上に任意のデカール（ここでは「Graffiti8」）をドラッグ＆ドロップします。これで重ねて配置されました。

② 重なり順を変えたい場合は、奥にあるデカールを選択し、ドックの［重なり順］の数値を「1」にします。奥のデカールが手前になりました。［重なり順］は数値が大きいほうが手前に表示されます。

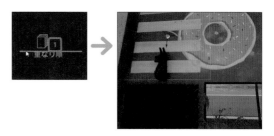

ライトを配置する

LDK にライトを配置します。この建物モデルには照明器具がないので、照らしたい位置にライトを置きます。ライブラリパネルには狭い範囲を強く照らすスポットライトや、広い範囲を均一に明るくするエリアライト、配光データを持つ IES ライトなどが用意されています。ライトは家具と同じくドラッグ＆ドロップで配置し、そのあとに強度などを調整します。

練習データ：01-13.tm

ライトの配置と調整

1 最初にライト用のコンテナを作成します。P.59 の方法で「Light_LDK」というコンテナをつくり、[このコンテナで作業する] を設定します。

2 ライブラリパネルの [ライト] をクリックします。

③ ライトの一覧から「Spot light」を選択して、テレビの上のオブジェ上部にドラッグ & ドロップします。ライトが配置されました。

④ ドックにライトの調整項目が表示されます。この状態では［強度］が高いので「50lm」、［減衰距離］は床に届く程度の「4.5m」、［影］は On に設定しました。このように状況に合わせてライトを調整します。

⑤ ライブラリパネルから「Area light」を選択し、ソファーセットの上あたりにドラッグ & ドロップします。エリアライトは表示される四角の枠内を均一に照らせるライトです。ここではドックの［長さ］と［幅］を「3m」に変更して照らす範囲を小さくし、ライトの位置を少し移動しました。

6 さらに［強度］を「80」、［影］は On に設定して自然な明るさに調整しました。その他、キッチンやダイニングなどにも任意のライトを配置してみてください。

ライトの調整項目

ライトのおもな調整項目は右のとおりです。［長さ］と［幅］はエリアライトでのみ調整できます。このようにライトの種類によって、調整可能な項目が変わります。

強度	光の強さ
色	色温度（ケルビン）
角度	光の照射角度
減衰距離	光が届く長さ
影	影の表示／非表示の切替

プチ

デザインテクニック **影を表示して立体感を出す**

特別な場合を除き、［影］はオンにしておくことをおすすめします。影がないと、どうしても不自然な感じになるからです。家具の脚元や壁の接地面に影があるだけで、立体感とリアリティが増します。

影＝ Off

影＝ On

014

芝 を 植 え る

敷地内に芝を植えます。一定の範囲に草や木などで植栽をつくるときは［植栽ペイント］または［植栽分散］
を使います。

練習用データ：01-14.tm

....

植栽ペイントを使う

1 まず、敷地用のコンテナを作成します。P.59 の
方法で「Site_Plan」というコンテナを作成し、［こ
のコンテナで作業する］を設定します。

2 ドックの［周辺環境］から［植栽ペイント］を
選択します。

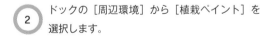
［周辺環境］

3 ドックの表示が切り替わり、［樹木］の
ライブラリパネルが自動的に開きます。
ライブラリパネルの←をクリックして１つ前に
戻り、［草花］を選択します。

4 ［草花］の一覧から任意の芝（ここでは
「Lawn01」）を選択して、ドックの［モ
デルをここにドロップして、表面のペイントを開
始します］へドラッグ＆ドロップします。

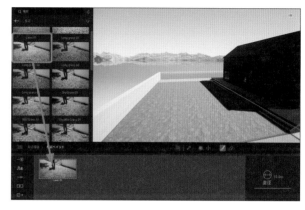

5 ドック中央上部の［植栽ペイント］ツールをクリックして、ビューポートの芝のマテリアル部分にマウスポイ
ンターを移動すると、ドーム状のブラシが表示されます。ブラシの大きさはドックの［直径］で変更できます。
ここでは「5.0 m」にしました。

6 芝のマテリアル部分を全体的にクリック、またはドラッグします。芝が植えられました。

⑦ 芝を植える範囲からはみ出してしまった場合は、ドック中央上部の［ベジテーションイレイザー］ツールをクリックして、はみ出した部分をクリック、またはドラッグすると、ブラシにかかった部分の芝を消去できます。

［ベジテーションイレイザー］ツール

HINT　密度を上げる

作成した芝を選択すると、すき間がある状態になっています。これはドックにある［密度］が「30%」に設定されているためです。密度を上げたいときは、ドックへドロップした芝（ここでは「Lawn01」）を選択して、この数値を大きくします。

密度＝30%

密度＝100%

プチ

デザインテクニック　**他のオブジェクトをペイントしない方法**

［植栽ペイント］はクリックやドラッグで自由に植栽できる便利なツールですが、ブラシにかかるところはすべてペイントされるため、植栽しない場所にも植物が植えられてしまい、あとから大量に消すといった余計な作業が発生してしまいます。そこで他のオブジェクトにペイントしない方法を紹介します。

シーングラフパネルで植栽したいオブジェクト（ここでは「Green」）を選択し、シーングラフメニューから［他のオブジェクトを隠す / 全て表示］を選択します。選択したオブジェクト以外が非表示になるので、この状態で［植栽ペイント］を使うと、端などを気にせずペイントできます。塗り終えたら再び［他のオブジェクトを隠す / 全て表示］を選択して、すべてを表示します。多少のはみ出しは生じますが、この例では塀や階段などへの影響はかなり少なくなります。

植栽分散を使う

1 ドックの［周辺環境］から［植栽分散］を選択します。［植栽ペイント］から続けて操作練習する場合は、シーングラフパネルの「描画されたベジテーション 1」を非表示にするか、削除してください。

［周辺環境］

2 植栽ペイントと同様に、ライブラリパネルで任意の芝（ここでは「Lawn01」）を選択し、ドックの［モデルをここにドロップして、表面のペイントを開始します］へドラッグ＆ドロップします。ドロップした「Lawn01」を選択して、ドッグ中央上部の［スキャッター追加］ツールをクリックします。

3 芝のマテリアル部分を 1 回クリックします。マテリアル部分全体にまばらに芝が植えられます。［植栽分散］は 1 クリックでオブジェクト全体にペイントされるのが特徴です。他のオブジェクトにはペイントされません。クリックを繰り返すと密度が増していきます。適当な密度になったら、クリックをやめて終了します。増えすぎたときはドッグ中央上部の［スキャッター削除］ツールでクリックすると間引きされます。

1 回クリック

8 回クリック

HINT ［植栽分散］でもはみ出す？

［植栽分散］はクリックしたオブジェクトのみに適用される機能ですが、それでも少しのはみ出しが生じました。ここで使用している芝「Lawn01」は複数の芝で構成されているため、オブジェクトのキワ部分はどうしてもはみ出してしまいます。
ライブラリパネルの［地形・植栽］→［草の詳細］に用意されている芝は、［草花］にある芝より小さい単位の芝になっています。これを使えば、はみ出しをより少なくできます。ただしオブジェクトの数が増えるため、PC への負荷が大きくなってしまうことが難点です。［草の詳細］は［植栽ペイント］では使えません。

左が［草花］の芝、右が［草の詳細］の芝

015

樹木を植える

ライブラリパネルの［樹木］を使って、敷地内に木を植えます。樹木の配置方法は2つあります。樹木を1、2本だけ配置するときはドラッグ＆ドロップ、同じ樹木を連続して配置したいときはクリックを使います。樹木の属性でよく使うのは［樹齢］と、2021から追加された色合いです。

練習用データ：01-15.tm

....

ドラッグ＆ドロップで配置する

1 新しくファイルを開いた場合は、「Site_Plan」コンテナに［このコンテナで作業する］を設定します。

2 ライブラリパネルの［地形・植栽］→［樹木］を開きます。

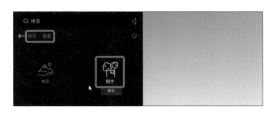

③ 任意の樹木（ここでは「Indian Sandalwood」）を敷地にドラッグ＆ドロップします。樹木が配置できました。

④ 同様に同じ木をもう1本と、別の木（ここでは「Persian Ironwood」）をドラッグ＆ドロップで配置してみました。左と中央の木は同じため、片方はギズモで回転させ（P.22）、樹形が同じにならないようにしています。

木の大きさを変える

① 樹木を選択すると、ドックに木の属性が表示されます。[樹齢]のバーをドラッグすると木の大きさが変わり、それに従って右の[高さ]の数値も変わります。

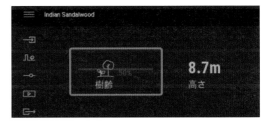

② 数値を大きくするほど木が大きくなり、小さくするほど木が小さくなります。バランスを見て適当な大きさに調整してください。

樹齢＝91%

樹齢＝36%

クリックで連続配置する

① ライブラリパネルで任意の樹木（ここでは「Japanese hop hornbeam」）を選択します。ビューポートにマウスポインターを移動すると、ポインターに選択した樹木が表示されます。植えたい位置でクリックします。

② クリック後もマウスポインターに樹木が表示されています。位置を移動してクリックするたびに同じ樹木が連続して配置されます。Esc キーを押すと連続配置の状態を解除できます。

樹木の色を変える

① ビューポートで任意の樹木を選択します。ドックに表示される［葉の色合い］や［樹皮の色合い］で木の色に変化を付けられます。色の変更はP .52 と同じく［カラーピッカー］ダイアログで行います。

② 右の木は葉と樹皮を暗めの色に変更してみました。このように、かんたんに木の雰囲気を変えられます。

プチ

デザインテクニック | **同じ樹木でも色に変化を付ける**

樹木の色も全部同じだと不自然な感じになるので、少しずつ色の変化を付けることをおすすめします。

016

庭石を置く

敷地内に庭石を置きます。石はライブラリパネルから選び、ドラッグ & ドロップで配置するだけです。石をコピーして並べれば、庭の境界を示す縁石として使えます。

練習用データ：01-16.tm

庭石を置く

1 新しくファイルを開いた場合は、「Site_Plan」コンテナに［このコンテナで作業する］を設定します（P.70）。ライブラリパネルの［地形・植栽］→［岩石］を開きます。一覧から任意の石（ここでは「Rock7」）を建物右側の庭にドラッグ & ドロップで配置します。

② ギズモの円弧部分をドラッグして見映えのいい
向きに回転します。

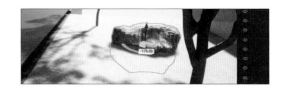

③ さらに石（ここでは「Rock4」「Rock6」）を追
加します。ここは砂利風のマテリアルを使って
いるので、庭に和の雰囲気が出るようになりました。

同じ石を並べる

① 同じ石を複数並べる場合は、任意の石（ここでは「Rock9」）を配置し、Shift キーを押しながらギズモの軸をドラッ
グします。[コピー] ダイアログが表示されたら、コピーしたい [数] と [間隔] を入力して [OK] をクリック
します。

② 指定した数と間隔で石がコピーされます。位置や
向きなどを整えれば縁石のように表現できます。

> **HINT** ギズモの軸
>
> ギズモの軸は、並べたい方向（ここでは右側）の
> 軸をドラッグします。ドラッグ中に選択している石
> のコピーが 1 つ表示されます。

017

低木の植え込みをつくる

手入れされた生垣や、植え込みに使用できる低木などもライブラリパネルに用意されています。植え込みらしく植物を密集させたい場合は、コピーして配置します。

練習用データ：01-17.tm

生垣をつくる

1 新しくファイルを開いた場合は、「Site_Plan」コンテナに［このコンテナで作業する］を設定します（P.70）。ライブラリパネルの［地形・植栽］→［その他］を開き、一覧から生垣のようなアセット「Laurel hedge」を建物の花壇スペースにドラッグ＆ドロップします。

② 水平面ならこれで配置は完了ですが、この花壇には勾配が付いているので斜めに配置されます。これを垂直にします。

③ 生垣が選択されている状態で、シーングラフパネル下部の[トランスフォーム]を開きます(P.24)。[回転]の[Y]が「-25」度になっているので、ここを「0」度にします。生垣が垂直になりました。

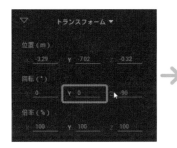 

④ 植え込み感が出るように、位置を下へずらします。

⑤ あとは Shift キー＋ギズモの軸ドラッグ（P.75）を使い、左と奥にコピーして生垣の完成です。

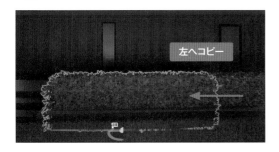 

⑥ できた生垣をまとめてコピーし、階段左の花壇にも配置します。

樹木の根元に植え込みをつくる

① 低木を連続配置すれば植え込みがつくれます。ライブラリパネルの［地形・植栽］→［低木］を開き、一覧から任意の低木（ここでは「Bush base2」）を選択します。樹木の根元あたりをクリックして低木を配置します。

② そのまま連続してクリックし、植え込みをつくります。クリックで連続配置すると木の大きさや向きがバラバラになるため、ランダム感が出ます。このような植え込みや林など、密集した植栽をつくるときに便利です。

③ 建物左のデッキ側はライブラリパネルの［樹木］にある「Asiateic Mangrove」を植え込みに使用してみました。この木は根が見えてしまっているため、クリックで連続配置した後にシーングラフパネルで「Asiateic Mangrove」をすべて選択し、下へ移動して根が見えないようにしています。

HINT 樹木のサムネイルで大きさがわかる

ライブラリパネル［樹木］の一覧では、木のサムネイルに人の絵が付いています。これは人を基準とした木の大きさを示していて、人が小さいほど高木、人が大きいほど低木になります。

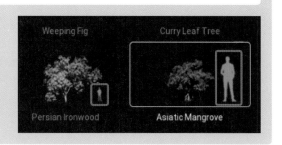

018

地形を配置する

敷地の外側に地形を配置します。ライブラリパネルの［地形］を取り込み、敷地と高さを合わせます。

練習用データ：01-18.tm

地形を読み込む

1 地形用のコンテナを作成します。P.59の方法で「Landscape」というコンテナをつくり、［このコンテナで作業する］を設定します。

2 ライブラリパネルの［地形・植栽］→［地形］を開き、この例では「Rocky grassland」をビューポートにドラッグ＆ドロップします。地形のアセットが読み込まれます。

3 背景に山並みのような高低差がある地形が読み込まれます。

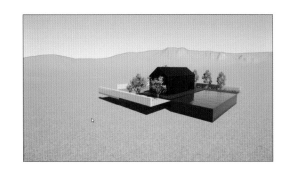

4 例では敷地が地面より高く、浮いた状態になっています。単純に高さを合わせるなら、地形を選択してギズモのZ軸をドラッグし、地形を敷地の高さに合わせて移動します。または地形を選択した状態で［トランスフォーム］を開き（P.24）、［位置］の［Z］の数値を敷地の高さの数値に合わせます。

ギズモで高さを合わせる

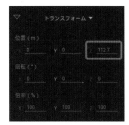

トランスフォームで高さを合わせる

> **HINT** 「Rocky grassland」のギズモ
>
> 地形「Rocky grassland」のギズモは、かなり上の位置にあるので、ズームアウトしてギズモを表示させてください。

地形を隆起して敷地に合わせる

1 地形を隆起したり、ならしたりしながら、敷地の高さに合わせる方法です。地形を選択してドックの［地形を編集］をクリックします。

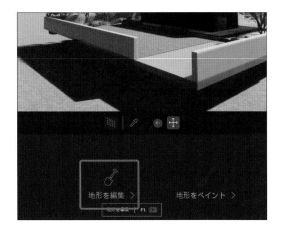

> **HINT** 続けて操作する場合
>
> ギズモやトランスフォームで高さを合わせたあとに続けて操作する場合は、地形を高さを合わせる前の位置に戻してください。

2 ドック中央上部に地形を編集するツールが表示されます。[隆起させる] ツールをクリックします。マウスポインターの周囲に二重丸が表示され、地面を何度かクリック、あるいはクリックしたままマウスボタンを長押しすると、地面が高く隆起していきます。動作を確認したら、いったん Ctrl + Z キーで隆起を元に戻します

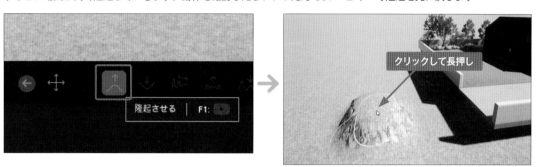

3 それでは地形を敷地に合わせていきます。[隆起させる] ツールがオンのまま、ドックの [直径] を敷地入口のおおよその幅「15 m」にし、敷地入口前の地面を何度かクリックして、敷地の高さまで隆起させます。

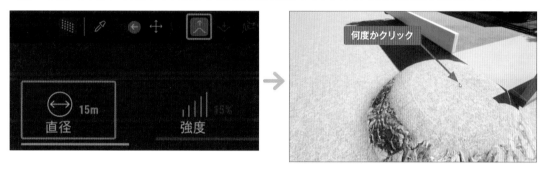

4 次に [平らにする] ツールをクリックします。隆起させた地形の上面をクリックし、そのまま左方向へドラッグします。最初に隆起させた地形と同じ高さでドラッグ部分も隆起します。

> **HINT** [平らにする] ツール
>
> [平らにする] ツールはクリックした地点の高さをドラッグする部分に適用していくツールです。高さが合わないところは何度かドラッグすると修正されます。

⑤ そのまま敷地の周囲をドラッグして地形を隆起させます

⑥ 高さが微妙に合わないところは、ドックの［強度］の数値を小さくして（ここでは「5%」）、［隆起させる］ツールや［掘る］ツールでクリックして調整します。

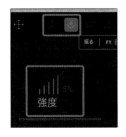
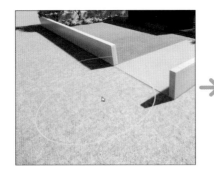

⑦ 敷地との境界を調整したら、［平らにする］ツールで最初の地面と隆起させた部分の差を埋めるようにならします。だいたいならしたら完成です。

> **HINT** ［強度］
>
> ［強度］は１クリックあたりの地形の凹凸を制御します。数値が大きいほど１クリックで地形を大きく隆起（または掘り下げ）させます。

> **HINT** 地形「Flat」
>
> もう一つの地形「Flat」は、草原のような平らな地形です。背景がないため、最初に設定した背景が奥に表示されます。ちなみに地形「Flat」のギズモは上空ではなく、地面にあります。
>
>

019

山や丘をつくる

地形に山や丘を追加したいときは、前項で説明した［隆起させる］ツールを使います。地形を隆起させたあとに［ならす］ツールを使うと丘ができます。

練習用データ：01-19.tm

山をつくる

1 シーングラフパネルで地形「Rocky grasslands」を選択します。ドックの［地形を編集］を選択して［直径］や［強度］の数値を上げ、[隆起させる] ツールをクリックします。

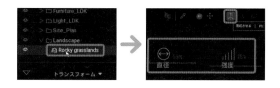

2 地形をクリックしたり、ドラッグしたりしながら山をつくっていきます。ドラッグすると連なるように山が作成できます。想定している山の大きさによって［直径］や［強度］の数値を変更してください。

丘をつくる

1 ドック中央上部の［ならす］ツールをクリックします。

2 隆起させた山の上部を長押しまたはドラッグすると、山がならされて低くなり、緑で覆われていきます。丘ができました。

3 敷地の周囲は山をならして、丘に囲まれたようにしてみました。

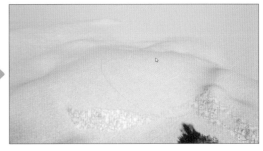

隆起部分のマテリアルを変更する

1 ［隆起させる］ツールを使うと隆起部分が岩のようなマテリアルになっています。建築で使うにはハード感が強いので、このマテリアルを変更してみます。ドック左上のメニューの階層で[地形]をクリックし、表示を切り替えます。［地形をペイント］を選択します。

2 ドックの表示が切り替わり、ライブラリパネル
が[自然]になります。[自然]にならないときは、
[マテリアル]→[地面]→[自然]を開いてください。

3 ドックの左側にある4つのマテリアルのうち、
一番左の「Grass1」が地形の平ら（表面）部分、
一番右の「Mossy rocks」が隆起部分のマテリアルです。

4 ライブラリパネルの[自然]から平らな部分と
同じ「Grass1」を一番右のマテリアルにドラッ
グ＆ドロップすると、隆起部分も緑のマテリアルにな
ります。

HINT マテリアル変更の適用範囲

この方法でマテリアルを変更すると、すべての隆
起部分のマテリアルが「Grass1」に変更されます。

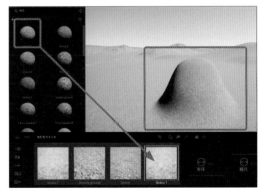

020

川の窪みや道をつくる

地形に川となる窪みや、敷地につながる道をつくります。地形をへこませるときは［掘る］ツールを使い、そのあと［ならす］ツールで周囲の地形になじませます。

練習用データ：01-20.tm

....

川の窪みをつくる

1 シーングラフパネルで地形「Rocky grasslands」を選択します。ドックの［地形を編集］を選択します。

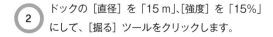

2 ドックの［直径］を「15 m」、［強度］を「15%」にして、［掘る］ツールをクリックします。

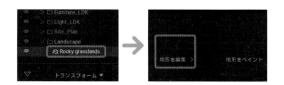

③ 建物の裏に川を作成したいので、ここに川の窪みをつくっていきます。川とする部分をドラッグします。地形がへこみます。

④ 続けて川筋となる部分をドラッグでへこませていきます。必要に応じて［直径］や［強度］を上げてください。あとで調整するので、堀り過ぎても気にせず進めましょう。

⑤ 川筋を掘り終えたら、［ならす］ツールをクリックします。

⑥ へこませた部分をなじませるようにドラッグして地形を成型していきます。

⑦ 必要に応じて［直径］や［強度］を変更し，ひととおりならしたら川の窪みの完成です。

道をつくる

① 敷地につながる道をつくります。ドックの[直径]を「15 m」にして、[平らにする] ツールをクリックします。

② 敷地の入口手前をクリックして、道をつくる方向にドラッグします。ドラッグした部分が平らになります。この例では入口からまっすぐ進んだあと、左に少し折れ曲がった道にしました。

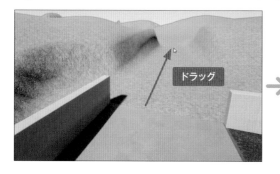

③ 道ができたら [ならす] ツールをクリックして、道の両側をドラッグでならしていきます。

④ ある程度ならしたら、道の完成です。

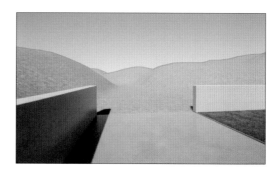

デザインテクニック 小道や川筋などは、あえて少し曲げる

敷地周辺を自由な環境に設定できる場合は、小道や川筋などを少し曲げておくと、自然な感じに仕上がります。アプローチが短い場合は、曲線にすることで道が少し長くに見えるメリットもあります。動画を作成するときには、曲げた道に沿って建物にズームすれば、視点の変化を付けることができます。

021

川をつくる

地形の窪地に川や海をつくるときは、[天候] の [海・川] を使います。前項で作成した川の窪みに水を引き、川をつくります。

練習用データ：01-21.tm

川をつくる

①　ドックの [設定] から [天候] を選択します。表示が切り替わったら一番右の [効果] を選択します。さらに表示が切り替わったら [海・川] を選択します。

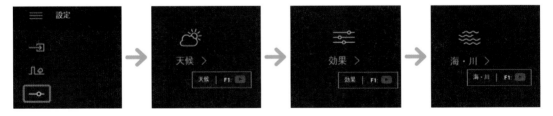

② ドックの［有効］をクリックして On にします。
　 ビューポートに水が表示されました。

③ 水の高さを調整します。ドックの［高さ］は海
　 抜を示しています。この数値をここでは「−5 m」
に下げました。水が引いて、水位が前項で作成した川の
窪み内におさまりました。

④ 全体を確認して、川の水位を調整したら完成です。

HINT　水の状態

ドックの［状態］をクリックすると、水の色や流れを 7
パターンから選択できます。デフォルトは［清流］です。

022

地形に土の質感を追加する

ライブラリに用意されている地形は全面が緑で覆われています。舗装されていない地面には土や砂利が存在するため、地形に土の質感を追加します。地形のマテリアルを変更するときは［地形をペイント］を使います。

練習用データ：01-22.tm

舗装されていない道をつくる

1 まず、舗装されていない道をつくってみます。シーングラフパネルで地形「Rocky grasslands」を選択します。ドックの［地形をペイント］を選択します。

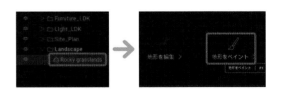

2 ドックの表示が切り替わります。左側の４つのマテリアルのうち、両端の２つは地形を編集するツールで使用されているため（P.85）、中央の２つを使ってペイントします。

3 ライブラリパネルの［自然］から土の質感を持つ任意のマテリアル（ここでは「Gravel」）を選択し、左から2番目のマテリアルにドラッグ＆ドロップします。

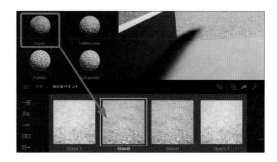

4 ドロップしたマテリアルを選択して、ドック中央上部にある［ペイントブラシ］ツールをクリックします。ビューポートでブラシの大きさを確認しながら、［直径］を道幅に合わせます（ここでは「15 m」）。

5 P.88でつくった道に沿ってドラッグします。舗装されていない道ができました。この例では同様にして、敷地から川へ続く道もつくっています。

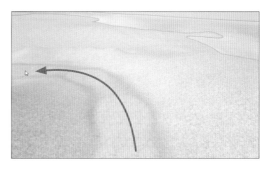

HINT ［縮尺］

ドックにある［縮尺］はマテリアルの大きさを調整します。このマテリアルで「100%」にすると右のように表示されます。

地形全体に土の質感を追加する

1 地形全体に土の質感を追加します。ドックの左から3番目のマテリアルにライブラリパネルから任意のマテリアル（ここでは「Grassyground」）をドラッグ＆ドロップし、[直径]を「30 m」、[不透明度]を「50%」に設定します。

2 ビューポートでクリックやドラッグしながら、地形全体をペイントします。[不透明度]を設定すると、元の緑色とブレンドされた状態でペイントでき、ほどよく地面と緑をなじませることができます。

3 土感が強すぎた場合は、ドック一番左の緑のマテリアルを選択し、適度な[不透明度]を設定すれば塗り直せます。

プチ

デザインテクニック 　**異なるマテリアルやオブジェクトとの境界は、ていねいに処理する**

[不透明度]の設定を調整しながら[直径]を小さくして、異なるマテリアル、またはオブジェクトとの境界をていねいに処理すると、絵づくりに大きな差が出ます。

川岸の水際

塀と地面の境界

道の両端

地形に植栽する

敷地の周囲の地形に植栽をしていきます。植栽は敷地を中心として、近景・中景・遠景にエリアを分け、近景は草花、遠景に行くほど大きい樹木を混ぜていくとバランスよく配置できます。植栽は P.66 で紹介した［植栽ペイント］を使います。

> 練習用データ：01-23.tm

近景に植栽する

1 シーングラフパネルで「Landscape」コンテナに［このコンテナで作業する］を設定します（P.79）。ドックの［周辺環境］から［植栽ペイント］を選択します。

2 近景に植える植物をライブラリパネルからドックの［モデルをここにドロップして、表面ペイントを開始します］へドラッグ & ドロップします。ここでは［草花］から右の 5 種を選びました。背の高い草と低い草をミックスすると、自然に生えている感じになります。

③ ドック中央上部の［植栽ペイント］ツールをクリックします。ビューポートにドーム状のブラシが表示されたら、敷地の近くの地面をドラッグしてペイントします。5種類の草がミックスされて植栽されます。

④ 特定の草の分量を調整したい場合は、ドックでその草（ここでは「TallGrass04」）を選択し、［密度］の数値を調整すると、その草だけ増減することができます。

⑤ 少し変化が欲しいので、ここに低木「Bush base1」を追加してみます。ライブラリパネルから［モデルをここにドロップして、表面ペイントを開始します］へドラッグ＆ドロップし、［密度］を調整します。

⑥ この状態で道を除く近景をペイントしていきます。場所に合わせてドックの［直径］を調整してください。修正はあとからいくらでもできるので、最初はおおざっぱに全体をペイントして雰囲気をつかみましょう。塗りまちがえたら［ベジテーションイレイザー］ツール（P.68）で消せばいいだけです。

デザインテクニック **敷地や道との境目には低い草を**

敷地や道との境目は低い草を植えると、踏みならした様子が再現され、臨場感が出ます。ここでは「Dandelions」「Weed04」「Wild Grass01」の 3 種類の草を直径 2 mでペイントしました。

デザインテクニック **轍（わだち）風の道を表現する**

舗装されていない道の中心部分に草を植えると、轍（わだち）ができている道を表現できます。ここでは「TallGrass」3 種（01, 02, 04）と「Clover03」で道の中心にいくつか草の島をつくりました。全体になじませるため、道の両端にも追加しています。

中景に植栽する

1 この例では敷地周囲の丘の上部や道の少し先の部分を中景とします。ドックの［周辺環境］から［植栽ペイント］を選択します。中景は樹木と草をミックスして植栽します。ここではライブラリパネルから右の 6 種類を選択しました。
近景で作成した植栽が選択状態になっていると、ドックに近景で使用した植物が表示されてしまいます。その場合は選択を解除してください。

2 敷地左右の丘の上部や、道の先あたりを［植栽ペイント］ツールでドラッグして植栽します。あまり密にすると、データが重くなってしまうので適度に配置したら終了します。

プチ

デザインテクニック **川岸に岩をペイントする**

［植栽ペイント］ツールでは植物だけでなく、岩もペイントできます。この例では川岸の水際を岩石3種、草3種、低木1種でペイントしました。低木の密度は低くしています。

遠景に植栽する

1 この例では敷地周囲の丘の向こう側や川の対岸あたりを遠景とします。ここまでと同様に新しく［植栽ペイント］を開き、遠景はライブラリパネルから大きめの樹木を選んでドラッグ＆ドロップします。ここでは以下の5種類を選択しました。

2 ［植栽ペイント］ツールで丘の向こう側や、川の対岸をドラッグして植栽します。遠景では［直径］を大きめ（こ
こでは「30 m」）に設定します。

> HINT データ量に注意！
>
> この段階になると、データ量が増えてファイルが重くなってきます。PC の環境によっては操作や表示に支障が出
> る可能性があるため、建物から見える範囲にだけ植栽するなど、データ量を調整する工夫をしてください。

3 根元の地面がさみしい場合は、ドックに草のアセットを追加します。ペイントした樹木の根元に自動的に草が
追加されます。

4 大きい樹木だけだと不自然に見えるときは、シーングラフパネルで中景で使用した植栽オブジェクト（ここで
は「描画されたベジテーション5」）を選択し、中景の植物を追加してなじませます。

車や人を配置する

シーンの中に車や人を配置します。車や人を追加すると、そこで生活している様子や、建物の高さ・広さなどを認識させやすくする効果があります。車や人のアセットもライブラリパネルに用意されているので、ドラッグ＆ドロップで配置するだけです。

練習用データ：01-24.tm

車を配置する

1 車用のコンテナをつくります。P.59の方法で「Car」というコンテナをつくり、[このコンテナで作業する]を設定します。

2 ライブラリパネルの［乗物］→［自動車］を開きます。一覧から任意の車（ここでは「Suv03」）をビューポートへドラッグ＆ドロップします。車が配置されます。車種は同じですが、色はランダムに変更されます。

③ ドックの［色］をクリックして一覧から色を選ぶと、車の色を変更できます。

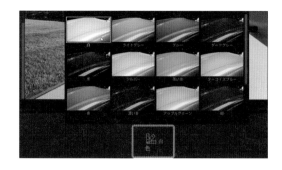

④ この例では他の車や、ライブラリパネルの［二輪車］にある自転車・バイクなども配置してみました。向きが合わない場合は、ギズモの円弧部分をドラッグして回転させます。

人を配置する

① 車と同じように人用のコンテナ「People」を作成し、[このコンテナで作業する] を設定します。

② ライブラリパネルの［キャラクター］を開きます。いくつか種類がありますが、ここでは［動く人間］を選択し、 覧から任意の人物（ここでは「Adorian」）をビューポートへドラッグ & ドロップします。

③ ［動く人間］はアニメーションの動きが付いています。ドックから［服の色］［姿勢］［動作］が変更できます。

④ ギズモで位置や向きを調整して配置完了です。

⑤ ライブラリパネルの［キャラクター］→［グループ］を使うと、複数の人物をまとめて配置できます。こちらも人数や動作などは同じですが、男女比や服などはランダムに変更されます。グループは複数の［動く人間］で構成されています。特定の人物をダブルクリック（またはシーグラフパネルで選択）して、その人物だけ［動作］や［姿勢］を変えることも可能です。

 →

HINT ライブラリパネル［キャラクター］の人物の種類

● ［2D 人物］

面に画像が貼られた厚みのない 2D の人物です。ただ、カメラの向きに追随するため、周囲 360 度どこに視点を変更しても同じ状態で表示されます。変化は付けられず、側面や背面なども表示できません。メリットはデータが軽いことです。また、人物の切り抜き画像を用意すれば、独自のキャラクターが作成できます。

● ［ポーズをとった人］

ポーズの付いた 3D の人物です。3D のため、視点を変えれば側面や背面も表示できます。2D 人物と同様、動きはありませんが、動く人間と比べ、高品質なアセットが多く用意されています。

● ［動く人間］

手順③で説明したように 3D の人物でアニメーションの動きが付いています。ドックでさまざまな変化が付けられるため、もっとも自由度が高い人物です。動きがあるので動画で使用すると臨場感が増します。

天気や季節を変える

Twinmotion では天気や季節をスライダー移動でかんたんに変更できます。天気・季節ともに［設定］の［天候］で操作できます。

練習用データ：01-25-29.tm

天気を変える

1 ドックの［設定］から［天候］を選択します。

② ドックの表示が切り替わります。左側の太陽マークに挟まれたエリアが［天候］の設定です。スライダーを左右に移動して天気を変更します。中央は雲マークになっていますが、ここは曇りではなく雨です。雲マークから右は、雨上がりの天気になります。

雲ひとつない晴れ（デフォルト）

雲多めの晴れ

雨（空も暗くなる）

雨上がりの晴れ（水たまりがある）

デザインテクニック　雪を降らせる

［季節］を冬にした状態（次ページ参照）で［天候］を雨にすると、雪を降らせることができます。このとき［季節］のスライダーを微調整すると、雪がうすく積もっている様子を表現できます。

季節を変える

1 ドックの［設定］から［天候］を選択して表示された画面の傘マークに挟まれたエリアが［季節］の設定です。スライダーを左右に移動して季節を変更します。四季に当てはめると夏から春への移り変わりのようですが、夏と春の差がほとんどないため、実質左半分のエリアだけで季節の設定が可能です。デフォルトは春・夏です

秋

冬

HINT 落葉樹は葉が落ちる

植栽で落葉樹を使っている場合は、冬に設定すると葉が落ちます。

春・夏

秋

冬

026

雲の動きや、もやを調整する

動画などで書き出す際に、雲の動きや、もやの表現などは雰囲気づくりに大きく影響します。雲を動かしたり、もやを表現したいときは、[天候]の[効果]で設定します。

練習用データ：01-25-29.tm

雲の動きを調整する

1 ドックの[設定]から[天候]を選択します（P.103）。ドックの表示が切り替わったら一番右の[効果]を選択します。

2 [効果]の項目が表示されます。一番左の[風速]が風の強さです。数値を上げると風が強くなり、ビューポート内で雲が動いていくのがわかります。適度な数値に設定します。

もやを表現する

1 もやは［効果］の項目（前頁参照）にある［もや］で設定します。数値を「40％」くらいにすると、遠くにもやがかかってきます。

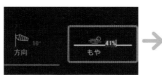 →

2 ［もや］を「100％」にすると、霧の中に包まれたような表現になります。［もや］の数値を上げるとライトシャフト（光が射している様子）が表現できるため、幻想的なシーンなどにおすすめです。

HINT ［方向］

［効果］の項目にある［方向］は、風の方向を設定します。旗などの風になびくものがあるときに、なびく方向を変更できます。

 プチ

デザインテクニック **葉をゆらす**

樹木の葉をゆらしたいときも、［風速］で風の強さを調整します。ただし、葉はゆれても枝はゆれないため、風速が強すぎると不自然な感じになってしまいます。葉のゆれを表現したい場合は、あまりゆれすぎない風速「2」くらいがおすすめです。

027

露出やホワイトバランスを調整する

露出とホワイトバランスは［設定］→［ライト］から調整できます。露出は［自動露出］で最適化されているため、設定しなおすことはほとんどありませんが、自動設定が不十分な場合は、任意で変更できます。

練習用データ：01-25-29.tm

露出を設定する

1 ドックの［設定］から［ライト］を選択します。切り替わった表示の［露出］で設定します。

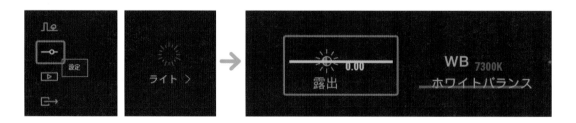

② ［露出］の数値を上げると明るくなり、下げると暗くなります。

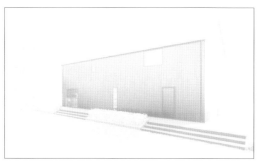

露出 5.6

露出－ 4.95

③ ドックの［露出］の右下にある［詳細］をクリックします。デフォルトではここにある[自動露出]がOnになっています。これをOffにすると露出がマニュアルモードになり、左にある［露出］で任意の露出設定が可能です。

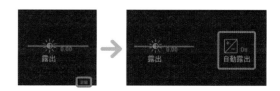

ホワイトバランスを調整する

① ドックの［設定］から［ライト］を選択します。切り替わった表示の［ホワイトバランス］で設定します。

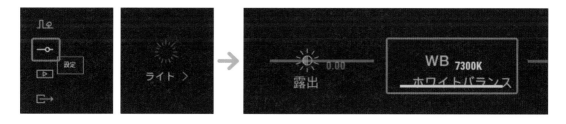

② ［ホワイトバランス］のデフォルトの数値は「7300K」です。数値を上げると黄色が強くなり、下げると青が強くなります。

ホワイトバランス 12000K

ホワイトバランス 5000K

028

静止画を書き出す

作成したシーンを静止画として書き出します。Twinmotionでは静止画を作成→エクスポートの2段階で静止画を書き出します。作成の段階では、天候や太陽の位置、視野角などが自由に変更できます。エクスポートで書き出した静止画は、PNG画像で保存されます。

練習用データ：01-25-29.tm

静止画を作成する

① ドックの[メディア]から[静止画]を選択します。ドックの表示が切り替わったら、[静止画作成]の+マークをクリックします。

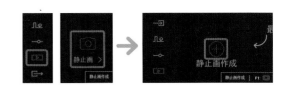

② 現在のビューポートの表示が「静止画1」としてTwinmotion内に保存されました。

③ 静止画作成モードになっているため、この段階ではビューポートの表示が作成された静止画にリンクされています。視点移動などをしても「静止画1」をクリックすると、ビューポートが「静止画1」の表示に戻ります。静止画以外の操作をする場合は、ドック右端上の［モード解除］をクリックします。ここではモード解除せずに操作を続けます。

静止画を調整する－①太陽位置、天候、露出など

① ドックの「静止画1」の右下にある［More］をクリックします。

② ドックの表示が切り替わります。これまでに説明した［ロケーション］（P.34）や［天候］（P.103）、［ライト］（P.108）などの設定項目が表示されます。ここから静止画の太陽位置や天候、露出などを調整します。調整の様子はビューポートで確認できます。

③ 調整後にメニューの階層で［静止画］に戻り、「静止画1」のサムネイルを確認すると、変更が反映されているのがわかります（ここでは露出を上げました）。

静止画を調整する－②アングルを変える

① アングルを変えたいときは、視点移動でビューポートの表示を変更します。

② ドックの静止画の上部にある［リフレッシュ］をクリックすると、「静止画1」のサムネイルが、現在のビューポートの表示に更新されます。

静止画を調整する－③視野角

① ドックで「静止画1」の右下にある［More］をクリックして、表示された画面で［カメラ］を選択します。

② ドック一番左の［視野角］で調整します。数値を大きくするとズームアウトし、小さくするとズームインします。デフォルトは「90」です。「90」以上にすると周囲が伸びてしまうため、視野角は60～90くらいが無難です。

プチ

デザインテクニック **建築用途では、あおり補正を忘れずに**

CGにも遠近法が適用されるため、高さのあるオブジェクトは垂直なラインが上部に向かって斜めになる「あおり」が発生します。建築では「建物が垂直であること」がとても重要です。建築用途の静止画はイメージ重視の特別な事情がないかぎり、必ずあおり補正をしましょう。あおり補正は［カメラ］の設定項目にある［遠近法補正］（上記図参照）をOnにするだけです。

遠近法補正＝Off

遠近法補正＝On

静止画を複製する

1 たとえば同じアングルで環境を変えた別案をつくりたいときは、複製を使うと便利です。ドックで複製したい静止画を選択して[静止画作成]をクリックするか、静止画上部のメニュー（3つの点）から[複製]を選択します。

2 ここでは複製した静止画の季節を変え、静止画上部のメニューから[名前の変更]を選択して、それぞれに名前を付けました。

静止画を書き出す（エクスポート）

1 ドックの[エクスポート]から[静止画]をクリックします。上部に表示されるメディア選択の画面で、書き出す静止画（ここでは2つ）をクリックして選択します。

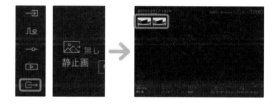

2 ドックの一番右にある[エクスポート]をクリックします。[フォルダーの選択]ダイアログが開いたら、保存先のフォルダーを指定して[フォルダーの選択]をクリックします。

3 書き出しが始まり、残り時間が表示されます。書き出しが終わると指定したフォルダーに2K（1920 × 1080）のPNG画像として保存されます。

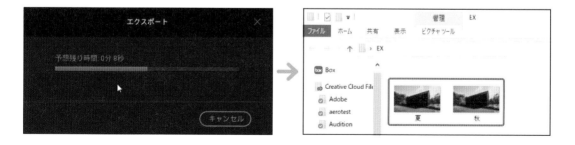

029

動画を書き出す

動画作成は、視点の切り替えとなるビューを「キーフレーム」として登録するだけです。キーフレーム間の動きは Twinmotion が自動的に作成してくれます。静止画と同様に、天候などの調整も可能です。ここでは建物をズームアップする簡単な動画を例に説明します。

練習用データ：01-25-29.tm

動画を作成する

1 ビューポートに動画のスタートにする状態を表示しておきます。ドックの［メディア］から［動画］を選択します。ドックの表示が切り替わったら、［動画作成］の＋マークをクリックします。

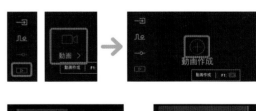

2 現在のビューポートの表示が最初のキーフレームとして登録されました。サムネイルの右にある［キーフレームを作成］の＋マークをクリックします。右側に新しいキーフレームが作成されます。

③ 動画の終わりの場面を登録します。追加したキーフレームが選択された状態で、ビューポートを建物に少しズームアップした表示に変更し、追加したキーフレーム上部の［リフレッシュ］をクリックします。

④ 建物がズームアップされた状態が、追加したキーフレームに登録されました。これでスタート地点と終了地点のフレームが作成され、この2つで「動画1」になります。ドック中央上部にある［再生 / 停止］ツールをクリックすると、ビューポートに2つのフレームをつないだ動画が再生されます。

プチ

デザインテクニック **キーフレームは増やしすぎない**

キーフレームは［キーフレームを作成］でどんどん増やせますが、動画作成に慣れていないと、キーフレーム間のカメラスピードにばらつきが生まれたり、あとから修正が大変になったりします。
キーフレームは必要最小限に抑えるようにしましょう。

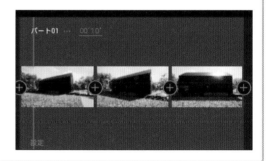

動画をキーフレームごとに調整する

① ドックで任意のキーフレームの右下にある［More］をクリックします。静止画と同様に設定項目が表示されるので（P.111）、ここで調整します。

② たとえば、1つのフレームの季節を変えると、天候が移り変わる動画になります。

動画全体を調整する

① 調整を動画全体（すべてのフレーム）に適用したい場合は、「パート01」で設定します。ドックで「パート01」左下の［設定］をクリックすると、設定項目が表示されます。ここでの調整はすべてのフレームに適用されます。調整方法は静止画と同じです（P.111）。

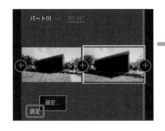 

② パーツメニュー（3つの点）から動画の［名前の変更］や［コピー］ができ、時間表示［パーツの長さ］で動画の再生時間を変更できます。デフォルトの再生時間は10秒です。

 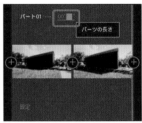

動画を書き出す（エクスポート）

① ドックの［エクスポート］から［動画］をクリックします。上部に表示されるメディア選択の画面で、書き出す動画（ここでは2つ）をクリックして選択します。

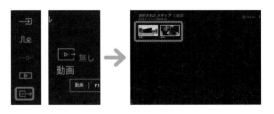

2 ドックの一番右にある［エクスポート］をクリックします。［フォルダーの選択］ダイアログが開いたら、保存先のフォルダーを指定して［フォルダーの選択］をクリックします（P.113）。

3 書き出しが始まり、残り時間が表示されます。書き出しが終わると指定したフォルダーに MP4 動画として保存されます。Windows 標準の「フォト」などで再生できます。

COLUMN **パノラマ画像を書き出す**

ドックの［メディア］にある［パノラマ］を選択すると、パノラマ画像が作成できます。これは 360°パノラマ VR などで使用できる画像です。作成や調整、書き出しなどは静止画と同じようにできます（360°のため［カメラ］の設定は変わります）。パノラマ画像はデフォルトで 4K（4096 × 2048）で書き出され、専用のアプリケーションで 360°画像として表示できます。また、2022 バージョンから複数のパノラマ画像を組み合わせ、Google ストリートビューのように移動表示できる［パノラマセット］の作成機能が追加されました。作成方法はドックの［メディア］にある［パノラマセット］を選択し、作成済みのパノラマ画像を複数選択するだけです。書き出し（エクスポート）はクラウドのみ実行でき、TWINMOTION CLOUD（P.263）に保存されます。

パノラマ

パノラマセット

030

プレゼンテーションで書き出す

［プレゼンテーション］とは静止画や動画をまとめて書き出せるツールです。実行ファイル（.exe）形式で書き出されるため、Twinmotion がインストールされていない PC でも静止画や動画を再生でき、シーン内を自由に移動することもできます。

練習用データ：01-30.tm

....

プレゼンテーションを作成して書き出す

1 ドックの［メディア］から［プレゼンテーション］を選択します。ドックの表示が切り替わったら、［プレゼンテーション作成］の＋マークをクリックします。

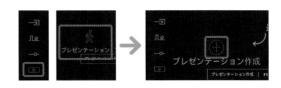

2 ドック中央上部の［プレゼンテーションにメディアを追加］ツールをクリックします。

③ 選択画面が表示されます。プレゼンテーション
は作成済みの静止画や動画をパッケージする
ツールです。プレゼンテーションに追加するメディアを
ここから選び、ドックへドラッグ＆ドロップします。画
面左側のアイコンで静止画・パノラマ・動画を切り替え
られます。ここでは静止画2つと動画2つを追加しま
した。×をクリックして選択画面を閉じます。

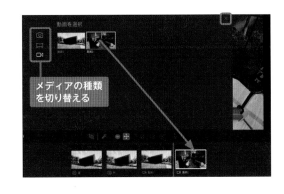

④ ドック左側にあるメディアから順に再生されま
す。再生順を変えたい場合はドラッグ＆ドロッ
プで位置を変えます。ここでは動画を先に再生するよう
左側へ移動しました。

⑤ プレゼンテーションを書き出します。ドックの
［エクスポート］から［ローカル］の［プレゼンテー
ション］を選択します。作成したプレゼンテーションを
選び、一番右の［エクスポート］をクリックします。

⑥ ［フォルダーの選択］で保存先のフォルダーを指
定して［フォルダーの選択］をクリックします
（P.113）。プレゼンテーションは複数のファイルがまと
まったフォルダーで書き出されます。フォルダー名は
「Presentation_ Twinmotion のファイル名」です。必
要に応じて適当な名前に変更してください。

⑦ フォルダーを開き、「Twinmotion-Presenter」
ファイルをダブルクリックします。セキュリティ
警告画面が開いたら［アクセスを許可する］を選択して
ください。これでプレゼンテーションが実行されます。

プレゼンテーションの使い方

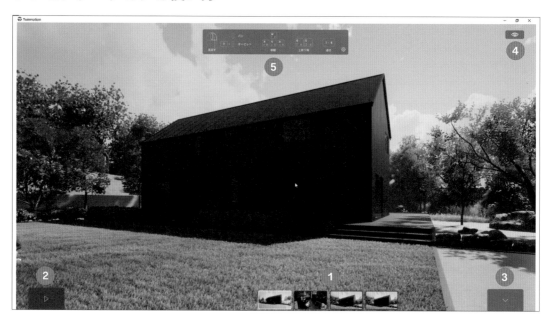

❶ 追加した静止画と動画のサムネイルが表示されます。

❷ 再生ボタンです。クリックすると❶を左から順に再生します。再生中にクリックすると再生を停止します。

❸ クリックすると、画面内のすべてのボタンやパネルなどを隠します。

❹ 目のアイコンをクリックすると、時刻や速度などを設定するツールバーが表示されます。これは Twinmotion と同じですが、プレゼンテーション独自のツールがあるので下記で2つ紹介します。

❺ ナビゲーションパネルです。画面内の視点移動の方法を示しています。移動の方法は Twinmotion と同じです。右下の歯車マークでゲームパッドやタッチパネルでの操作方法に切り替えたり、ナビゲーションパネルを非表示にしたりできます。デフォルトは英語になっていますが、目のアイコンの［設定］で日本語表記にできます。

［設定］

一番上の三本線のツールから［設定］を選択すると［設定］ダイアログが表示されます。これは Twinmotion の［編集］→［環境設定］で開くダイアログを簡素化したような内容です。ここで日本語化などができます。

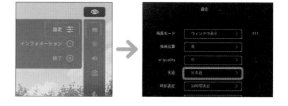

［レンダリングスタイル］

プレゼンテーション上でレンダリングのスタイルを変更できます。

フラットなアウトライン

ウッド

DESIGN TECHNIQUES

Twinmotion
デザインテクニック

031

車を走らせる・人を歩かせる

車や人が行き交う表現をしたいときには、[周辺環境] の [パス作成] にある [自動車パス] や [人物パス] を使います。パスを指定するだけで自動的に車や人が現れ、走行（または歩行）し続けます。

車を走らせる

1 ドックの [周辺環境] から [パス作成] をクリックします。

2 ドックの表示が切り替わったら [自動車パス] を選択し、ドック中央上部の [自動車パス] ツールをクリックします。

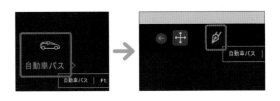

③ 車を走らせるラインをパスで指定します。始点と終点をクリックしたら、右クリックしてパスの描画を終了します。

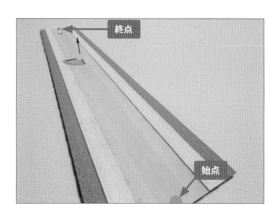

折れ線でも作成できる

2点間の単純な直線だけではなく、複数点を指定して折れ線状のパスも作成できます。

④ パス上に車が次々と出現し、始点から終点へ走っていきます。

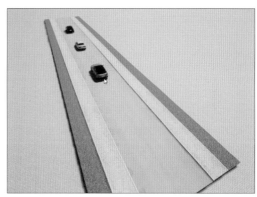

［自動車パス］の設定

［自動車パス］ではドックで次のような設定ができます。なお、Twinmotion は海外製のため、車両走行のデフォルトは右側通行です。

❶ 車線数：車線の数を指定

❷ 対面通行：On にすると対面通行になる。片側車線の数は❶の数

❸ 車線間隔：対面通行の間隔を指定。❷を On にすると有効になる

❹ 密度：走行する車の数を増減させる

❺ 速さ：走行スピードを指定

❻ 低速車線：車線数が2以上のとき、左右どちらかを低速車線に指定（追い越し車線ができる）

❼ 逆行：On にすると走行方向を反転する（日本の道路状況に合わせるときは On）

対面通行＝ On

対面通行＝ On、逆行＝ On

人を歩かせる

1 ドックの［周辺環境］から［パス作成］をクリックします（P.122）。ドックの表示が切り替わったら［人物パス］を選択し、ドック中央上部の［人物パス］ツールをクリックします。

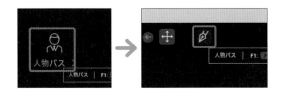

2 人を歩かせるラインをパスで指定します。始点と終点をクリックしたら、右クリックしてパスの描画を終了します。

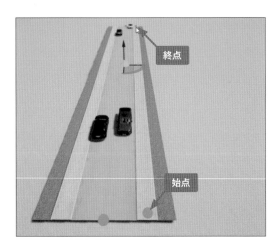

3 パス上に人が次々と出現し、始点から終点へ歩いていきます。

［人物パス］の設定

［人物パス］ではドックで次のような設定ができます。［密度］や［逆行］は自動車パスと同じです。

❶ タイプ：人物の人種をアフリカ・アジア・白人から設定。複数選択可

❷ 衣類：人物の服装をストリート・オフィスなどから選択

❸ 幅：パスの幅を指定。幅を大きくすると自動的に人の列が増える

❹ 歩行：Off にするとその場に立ち止まった状態になる

衣類＝伝統的な中東、密度＝ 38％

幅＝ 8 m、密度＝ 38％

HINT　自転車を走らせる

自転車を走らせたいときは［パス作成］の［自転車パス］を使います。使い方はここまでの説明と同じです。

032

任意のオブジェクトをパスで移動させる

[周辺環境]の[カスタムパス]を使うと、任意のオブジェクトを自由な経路で移動させることができます。ここでは飛行機を飛ばす例で説明します。

完成イメージ

パスを作成してオブジェクトを選択

1 ドックの[周辺環境]から[パス作成]をクリックします（P.122）。ドックの表示が切り替わったら[カスタムパス]を選択し、ドック中央上部の[カスタムパス]ツールをクリックします。

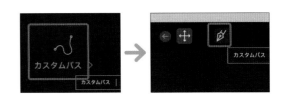

② ビューポートで始点をクリックし、任意の経路になるように何点かクリックしたら、右クリックしてパスの描画を終了します。この例では大きな飛行機を使うため、パスを長く描きました。ボックスが現れ、パス上を移動します。

③ オブジェクトを選択します。ライブラリパネルから任意のアセット（ここでは［乗物］→［航空機・気球］→「Plane 01 Flying」）を選択して、ドック左側にあるサムネイルのボックスにドラッグ＆ドロップします。パス上を移動していたボックスが飛行機に変わりました。地上を移動するだけなら、ここまでの操作でできます。

飛行機を空へ飛ばす

① 飛行機を空へ飛ばしてみます。空へ飛び立つ様子を表現するため、ドックの［速さ］を「250km／h」に変更しました。これで移動スピードが速くなります。

② 作成したパスの終点をクリックします。ギズモが表示されたらZ軸を選択して上へドラッグします。これで終点が地面から上空に移動し、飛行機が空へ飛び立ちます。

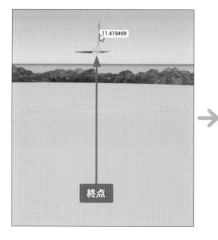

③ 同様に始点も上空に移動すると、飛行機が完全に空を飛んでいる状態になります。このとき終点をより高い位置にしておくと、上空へ向かうように表現できます。

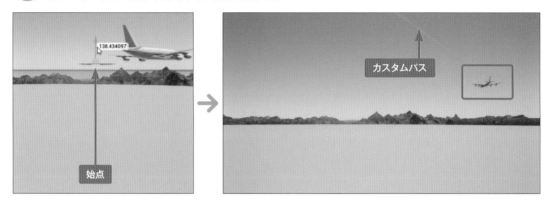

④ 始点と終点で高低差がある場合は、ドックの［接地］を Off にします。これで機首が地面に対して水平ではなく、パスに対して水平（上向き）になります。

接地＝ Off   接地＝ On

［カスタムパス］の設定

その他の［カスタムパス］設定について、簡単に説明します。［逆行］は自動車パスと同じです（P.123）。

❶ 動き方：パス上のオブジェクトの動きを指定。始点から終点の間を 1 回移動するか、1 往復するか、またはそれらを繰り返すかを選択
❷ 停止時間：始点や終点でオブジェクトが停止する時間を指定
❸ 回転：オブジェクトの向きを回転角度で指定
❹ 追従：On にするとオブジェクトの前面が進行方向を向く

［動き方］の選択項目

033

都市の3Dデータを取得する

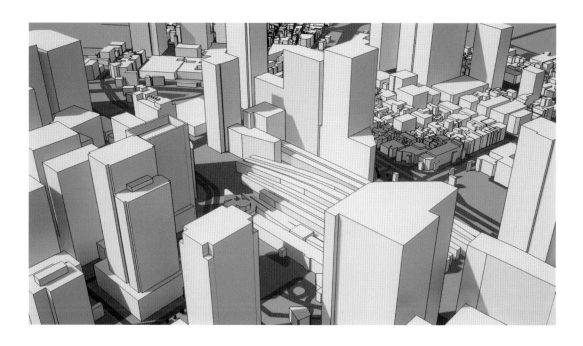

Twinmotionでは「オープンストリートマップ」をベースにした都市の3Dデータが、[周辺環境]の[都市]から取得できます。取得したデータの建物は外形だけのホワイトモデルです。上記の画像はフィルターを使って線画風にしています（P.171）。

都市を検索する

1 ドックの［周辺環境］から［都市］をクリックします。

2 ドックの表示が切り替わり、「オープンストリートマップ」の地図情報が表示されます。地図右下の検索マークをクリックします。

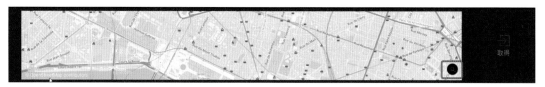

③ 英字で都市名を入力し、表示された候補から都市を選択します。日本語でも検索できますが、うまく表示されないときは英字をためしてみてください。

④ 地図上でマウスホールを回すと、地図が拡大／縮小され、ドラッグすると位置を移動できます。この方法で取得したい場所を表示します。

3D データを取得する

⑤ 取得したい場所を表示したら、ドック中央上部の［所得範囲］（正しくは［取得範囲］と思われる）ツールをクリックします。

⑥ 地図上に取得範囲の枠が表示されます。この枠は移動も拡大もできません。手順④のマウス操作で地図のほうを動かし、取得部分を枠内におさめたら、ドック右側の［取得］をクリックします。

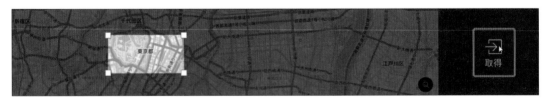

⑦ 3D データのダウンロードが始まります。

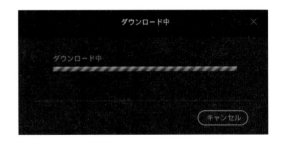

130

⑧ データのダウンロードが終了すると、ビューポートに取得した 3D データが表示されます。画面を移動して取得データを確認します。

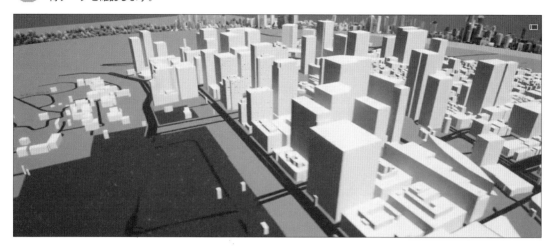

⑨ シーングラフパネルを見ると、建物が 1 つずつオブジェクトとして読み込まれているのがわかります。建物はドックで［高さ］のみ変更できます。

不要なオブジェクトは非表示

オブジェクトは「Road」や「Trees」などのコンテナで分けられているので、不要なものはコンテナごと非表示にして使えます。

034

炎や煙を追加する

Twinmotionのライブラリには炎や煙などのアセットが用意されているので、これらをドラッグ＆ドロップするだけで簡単に燃えている様子を表現できます。さらにライトを使って炎の反射光を追加し、[ヘイズ]を設定すれば、よりリアルになります。

小さく燃えている表現

1 薪ストーブに炎を追加します。ライブラリパネルの[オブジェクト]→[パーティクル]を開きます。

② 小さい炎「Small fire」を選択し、薪ストーブ
ヘドラッグ＆ドロップします。

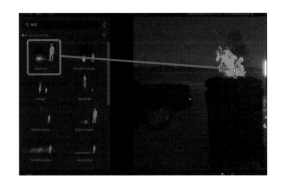

③ 炎のギズモの軸をドラッグして、適切な位置に移動します。上部からも確認し、炎がはみ出さないように配置
します。

HINT 薪ストーブの中心に合わせたい場合

たとえば円形の薪ストーブの中心に合わせて炎を置き
たい場合は、目のアイコンから［ビュー］をクリック
して［上面］を選択します。トップビューの表示になっ
たら、ストーブと炎の中心を合わせます。

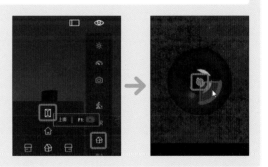

大きく燃えている表現

① ライブラリパネルから［オブジェクト］→［パー
ティクル］を開きます。「Fire with smoke」を
選択し、ここでは車へドラッグ＆ドロップします。「Small
fire」より大きめの炎と黒煙が追加されます。

② 火の勢いを増したいときは、さらに「Small fire」や「Fire with smoke」、煙のアセット「Smoke」などを適切な位置に追加します。

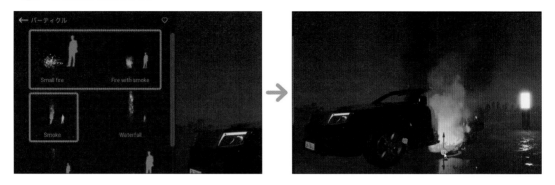

HINT　炎や煙は調整できない

炎を選択してもドックには何も表示されません。炎や煙は配置するだけで調整はできません。

炎の反射光を表現する

① 炎自体は光って燃えていますが、その光の反射は周囲に反映されません。光の反射はライトを仕込んでつくります。

周囲に光の
反射がない

② ライブラリパネルの［ライト］から「Omnidirectional Light」を選択し、炎へドラッグ＆ドロップします。炎の周囲が明るくなります。

3 ライトが炎の中心に来るように位置を移動し、ドックで強度などを調整します。ここでは[強度]を「100」に下げ、[減衰距離]を薪ストーブの大きさに合わせて「0.6」にしました。光が赤く見えるように「色」を「3000」にしています。不自然な影が発生しないように、ここでは［影］を Off にしましたが、シーンによって On と Off を使い分けてください。

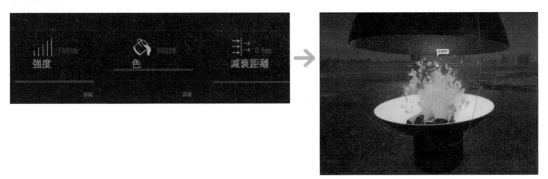

4 最後にドック一番右の［ヘイズ］を On にし、右下の［詳細］をクリックします。ヘイズの［強度］を調整して、光の拡散具合を決めます。強度が大きいほど光がもやのように表現されます。微調整を繰り返して完成です。炎の周囲に光が反射されるようになりました。

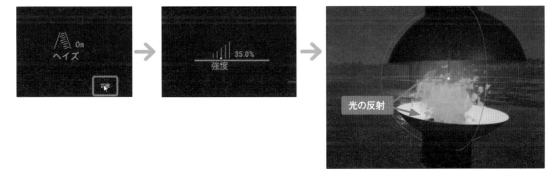

035

空間内に注釈を付ける

ライブラリパネルにある「Note」を使うと、空間内に注釈を付けられます。建築なら室名や家具名などを表示したり、価格や材料を併記したりして、文字で伝えたい情報を追加できます。

注釈を配置する

1 ライブラリパネルから［ツール］→［ノート］を開き、「Note」をビューポートにドラッグ＆ドロップします。これで注釈が配置されます。

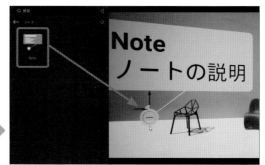

② シーングラフパネルを見ると、このオブジェクトは「Note」と「ノートの本文」で構成されています。「Note」は全体（移動基点は「−」マーク）、「ノートの本文」はテキスト部分です。「ノートの本文」のテキストは、ドック左に表示されるテキストボックスで変更します。ここではイスの名前と価格を入力しました。

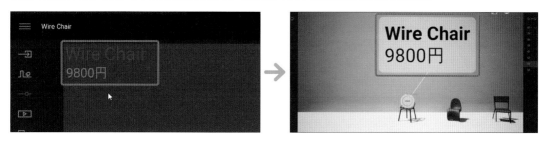

HINT 「ノートの説明」を隠す

Note の引出線先端の「−」マークをクリックすると、2 行目以降の「ノートの説明」（ここでは 9800 円）が隠れます。先端が「＋」マークになるので、それをクリックすると元に戻ります。

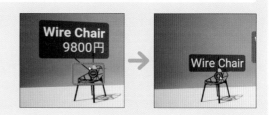

「ノート」の設定

テキスト入力のほか、ドックで次のような設定ができます。

❶ アライメント：文字揃えの位置を指定。左・センター・右から選択

❷ サイズ：Note の大きさを指定

❸ 色：[カラーピッカー] ダイアログで色を指定。全体の色のみ変更でき、文字は自動で黒か白になる

❹ 正面を向く：On にするとカメラ（ビュー画面）に対して常に正面を向く

アライメント＝センター

サイズ＝ 3%

花や実のなる樹木

［季節］を変えると樹木が紅葉したり、落葉したりすることをP.105で説明しましたが、樹木の中には［季節］を春から夏に設定すると花や実をつけるものがあります。シーンに彩りを添えたいときに使ってみてください。

花や実のなる樹木

① 樹木に花や実を付けたいときは、ドックの［設定］→［天候］→［季節］で春〜夏あたりを設定します。花や実が現れるスライダー位置は、樹木によって異なります。

このあたりで花が咲いたり、実がなる

2 ライブラリに用意されている「樹木」の中で、花や実がなるのは以下の樹木です。

American linden	Apple Tree	Apricot Tree	Ashoka tree
Blackthorn	Common Rhododendron	Crape Myrtle	Fig Tree	Golden Chain
Golden Shower	Guava	Japanese Medlar	Kaki	Mango Tree
Mexican Lime	Ohio buckeye	Peach Tree	Pear Tree	Plum Tree
Pomegranate	Quince	Southern catalpa	Sweet Cherry Tree	Sweet Orange Tree

---

HINT 紅葉・落葉する樹木

次の樹木は紅葉したり、落葉したりします。

American plane tree	Holm Oak	Persian Ironwood
Amur cork tree	Horse Chestnut	Red oak
Balsam poplar	Japanese hop hornbeam	Sassafras
Chinaberry Tree	Japanese walnut	Sweet Birch
English Oak	Katsura tree_1	Sweet gum
European Beech	Littleleaf Linden	Tropical Almond
European Mountain Ash	Lombardy Poplar	Turkey Oak
Flame of the Forest	London Planetree	Vine maple
Ginkgo	Manna Ash	Weeping Willow
Grey Birch	Pecan	

037

家具セットの配置を変える

基礎編でも触れましたが、ライブラリパネルにある家具セットは大きな家具に小さな家具や小物が親子付け（グループ化）されています。シーングラフパネルを使った選択、またはダブルクリックで選択すれば、小物などの個別の移動や非表示、マテリアル変更が可能です。

家具を個別に選択する

(1) ライブラリパネルの［オブジェクト］→［住宅・事務所］→［オフィス］→［テーブル］にある家具セット「Apollo desk」を配置しました。シーングラフパネルを見ると「Apollo desk」に椅子や小物が親子付けされています。

(2) シーングラフパネルで個別のオブジェクトを選択するか、ビューポートで個別のオブジェクトをダブルクリックします（ゆっくり2回クリックでも可）。これで部分的な家具または小物が選択でき、移動や削除、非表示などが実行できます。

(3) 親である「Apollo desk」を選択すれば、部分的な家具を変更した状態（ここでは観葉植物の移動と椅子の向きの変更）のまま、まとめて選択できます。

> **HINT** 複数小物で1オブジェクト
>
> この例ではペンと書きかけのメモは「SM_Accessary03」という1オブジェクトになっているため、ペンだけ、メモだけといった選択はできません。

個別にマテリアル変更する

(1) 部分的な家具や小物を選択し、ドック中央上部の［マテリアルピッカー］でマテリアルを変更したい部分をクリックします。

(2) ドックの［色］をクリックします。［カラーピッカー］ダイアログで個別にマテリアル調整ができます。

038

オリジナルのデカールをつくる

背景を透過した PNG 画像があれば、オリジナルのデカールを作成できます。本書の付録として筆者が作成した路面標識のユーザーライブラリデータを用意しました。こちらも活用してみてください。

オリジナルのデカールをつくる

1 Photoshop などの画像処理ツールで背景を透過した画像を作成します。このとき縦横比が同じ正方形でつくっておくと、配置が簡単です。

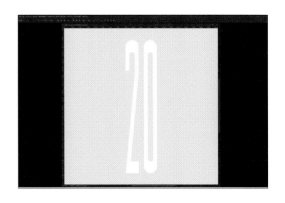

② ライブラリパネルの［オブジェクト］→［デカール］から正方形のデカール（ここでは「Yield line」）をビューポートにドラッグ＆ドロップします。

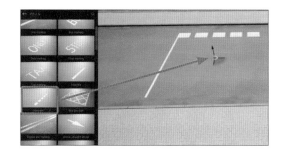

③ ドックの［テクスチャ］をクリックし、表示されたメニューから［開く］を選択します。

④ ［ファイルを開く］ダイアログで、手順①で作成したデカールにする画像を選択して［開く］をクリックします。

⑤ デカールが選択した画像に変更されました。これでオリジナルのデカールが完成です。シーングラフパネルで名前を変更しておくと、オリジナルであることがわかりやすくなります。

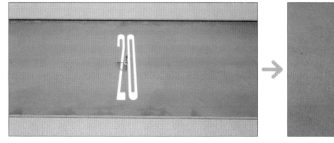 

HINT 大きさが合わないときは？

読み込んだ画像がデカールの大きさに合わないときは、ドックの［サイズ］で画像の大きさを調整します。

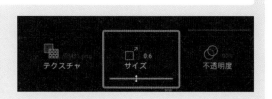

ユーザーライブラリデータ「RoadMarkings_wanimation」

日本の道路で使える路面標識のデカールをユーザーライブラリデータとして用意しました（登録方法は P.242）。オリジナルで作成したデカールはサムネイルが表示されないため、内容確認用に同じオブジェクトも登録しています。たとえば、「RM01」の内容は「RM01_object」のサムネイルで確認し、デカールとして使用するときは「RM01」をドラッグ＆ドロップしてください。

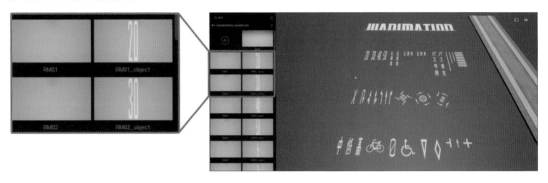

COLUMN
オリジナルの画像が長方形の場合

オリジナル画像が長方形でも（縦横比がちがう）、デカールとして読み込めます。ただし、画像はデカールの枠に合わせて自動的に読み込まれるため、たいてい、つぶれた表示になってしまいます。このような場合は、ドックの［サイズ］の［詳細］をクリックし、［長さ］と［幅］を調整します。

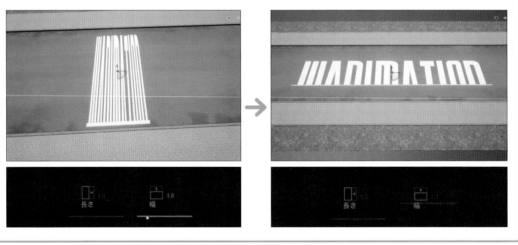

144

曲面にデカールを配置する

デカールは平面にはキレイに配置できますが、曲面ではうまくいきません。このようなときは［オフセット］を使います。

....

曲面にデカールを配置

1 ライブラリパネルの［オブジェクト］→［デカール］から任意のデカール（ここでは「Graffiti10」）を曲面にドラッグ＆ドロップしました。見てのとおり、部分的なところしか表示されません。

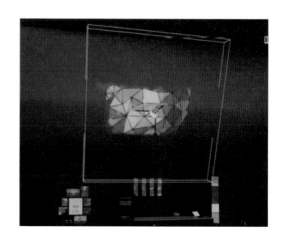

2 デカールの枠内に貼り付け先のオブジェクトが入っていないと、うまく表示されません。このような場合は［オフセット］を使います。

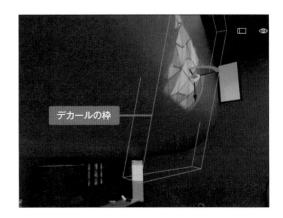

3 ドックの［オフセット］の値を上げる（ここでは「18」）と、枠の奥行きが広がり、曲面部分まで枠内に入ります。

4 これでデカール全体がきれいに表示されました。

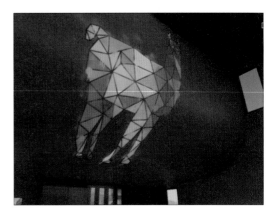

音を追加する

Twinmotionはシーンに音を追加することができます。ライブラリパネルには自然の音や雑踏の音などのオブジェクトがあり、ドラッグ＆ドロップで音を追加できます。他にもマテリアルには初めから［音］が設定されていて、ウォークモードで画面移動すると足音が出るようになっています。ただ、これらの音は動画に反映されません。プレゼンテーションデータかVRなら音を反映できます。

完成イメージ

音オブジェクトを追加する

① ライブラリパネルの［オブジェクト］→［音］（上記画面）を開くと、［人々］［自然］［市街］の3つのカテゴリーがあり、それぞれに関連する音オブジェクトが用意されています。

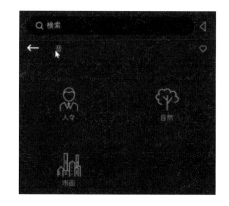

② ここでは［自然］を開き、「Calm Forest A」を選択してビューポートにドラッグ＆ドロップしました。鳥のさえずりの音が追加されます。

③ 音が出る範囲を調整します。ドックの［サイズ］を「5 m」に変更すると、音オブジェクトの周囲にあるオレンジの枠が小さくなりました。この枠に入ると音が出て、枠から出ると音が止まります。

 →

④ 水辺には「Fountain B」（水の音）を追加しました。シーンの場所や雰囲気に合わせて音を選択してください。

HINT 音が出る範囲

［サイズ］のデフォルトは「35 m」です。このままでもいいのですが、複数の音を設定したり、建物に入ったら音を消したい場合は［サイズ］を小さくするといいでしょう。［サイズ］の左にある［形状］で枠の形を変えられます。

HINT 音を止める

音を止めたいときは、ドックの［Audio］を Off にするか、シーングラフパネルで音オブジェクトを非表示にします。

足音をならす

1 ビューポートの目のアイコンをクリックして
［ウォークモード］をクリックし、［ウォークモー
ド］を選択します。

2 この状態で Twinmotion のマテリアルを使用し
た道や床を画面移動すると、足音が出ます。こ
の駐車場はコンクリートを歩く音です。

3 この音はマテリアルごとに最初から設定されて
いますが、変更可能です。マテリアルピッカー
でマテリアルをクリックし、ドックで［色］の［詳細］
をクリックします。

4 ドック一番右の［音］をクリックすると、メニュー
が表示されて音を変更できます。［ウォークモー
ド］を［フライモード］（手順①参照）にすると、足音
がしなくなります。

濃い霧をつくる

霧をつくる方法はいくつかあります。P.107 で紹介した［もや］でも霧はつくれますが、100%に設定しても近景（カメラに近い場所）には濃い霧が表示されません。近景に濃い霧を発生させたいときは、［ライト］の［ヘイズ］を使います。

濃い霧をつくる

① ライブラリパネルから［ライト］を開き、「Omnidirectional light」を選択して霧を発生させたい位置へドラッグ＆ドロップします。

② ドックの［ヘイズ］をクリックして On にします。ライトの空間（オレンジの円の範囲）に霧状のもやが表示されます。これを霧として利用します。

③ ドックの［減衰距離］の数値を大きくして、霧の範囲を広げます。［強度］を「0」にして、明るさをゼロにすれば霧だけが表現できます。

霧の濃度を調整する

④ 霧の濃度を調整します。ドックの［ヘイズ］の右下にある「詳細」をクリックします。

⑤ ヘイズの［強度］を調整すると、霧の濃度を濃くしたり、薄くしたりできます。ここでは「29%」にして建物が確認できる程度の濃度に調整しました。これで完成です。

［ヘイズ］の［詳細］にある［速さ］は光が断続的に拡散するスピードのことで、数値を上げるとゆらゆらとした動きが速くなります。［重なり］の数値を上げると、霧の塊（かたまり）が表現できます。この２つは好みで設定してください。

COLUMN ライブラリのアセットで霧をつくる

ライブラリパネルの［オブジェクト］→［パーティクル］にある「Small fog bank」「Ground fog」でも霧を作成できます。調整はできませんが、手っ取り早く近景に霧を追加したいときはこちらを使うと便利です。

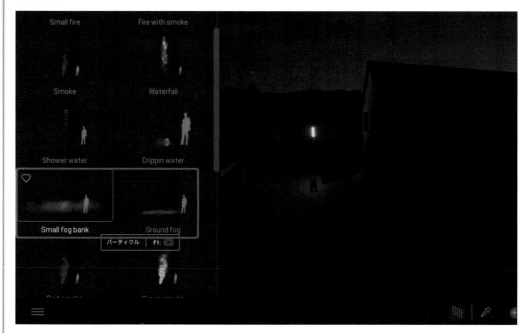

風になびくカーテンをつくる

Twinmotion にはカーテンのアセットがありません。カーテンの代替として「旗」を使います。旗には［風速］の設定が付けられるため、風になびくカーテンが作成できます。カーテンに適用するテクスチャを用意してから、操作してください。

完成イメージ

カーテンをつくる

1 ライブラリパネルの［オブジェクト］→［市街］→［旗］を開きます。一覧からポールの付いていない「Flag Only One」を選択し、カーテンを付けたい窓近くの壁にドラッグ＆ドロップします。

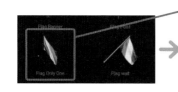

2 変換ツールを［回転］に切り替え、ギズモの円弧をドラッグして窓の面に合わせるように回転します。

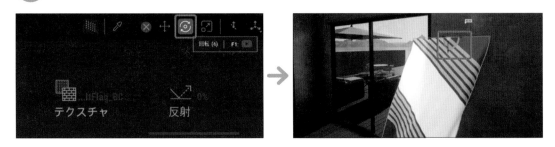

3 変換ツールを［移動］に戻し、旗を窓の位置へ移動します。この例では上部がカーテンボックスに入るように配置しました。

4 旗の大きさを調整する前に、なびいている状態を止めます。ドックの［風速］をクリックして表示が切り替わったら、［風速］を「0」にします。

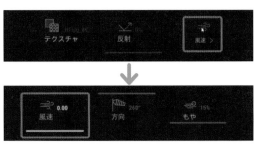

5 変換ツールを［縮尺］に切り替え、ギズモの軸をドラッグしながら窓の大きさに合わせます。

6 旗のテクスチャを用意した素材に変更します。メニューの階層でドックの表示を1つ前に戻し、［テクスチャ］をクリックして表示されたメニューから［開く］を選択します。

(7) ［ファイルを開く］ダイアログで用意していた
カーテンのテクスチャを選択して開きます。

(8) テクスチャが変更され、カーテンらしくなりま
した。手順④の方法で［風速］を表示し、風を
設定します。「1」は強すぎるので「0.1」以下がおすす
めです。ここでは「0.07」に設定しました。

 →

HINT 風速設定の注意

メニューの階層を見ると、この［風速］の設定は［設定］→［天候］→［効果］の項目になっていることがわかり
ます。ここで設定する風速は全体の風速に関わってくるので、設定値に注意してください。

---

(9) Shift キーを押しながら、カーテンのギズモの軸
をドラッグして右の窓側にコピーします。もう
一方のカーテンができました。

(10) 位置などを調整して完成です。窓が閉まったま
までカーテンがゆれているのが不自然な場合は、
シーングラフパネルで窓オブジェクトを非表示にしてく
だい。

インポートしたドアに動きを付ける

ライブラリパネルの［ドア］に用意されている開き戸や引き戸は、回転やスライドの動きが付いていて、近づくと自動的に開きます。しかし、インポートしたモデルにあったドアはただのオブジェクトのため動きません。このようなドアオブジェクトに開く動作を付けたいときは、［アニメーター］機能を追加します。

完成イメージ

ドアを回転させて開く

1 ライブラリパネルから［ツール］→［アニメーター］を選択します。回転でドアを開く場合は［ローテーター］を選択します。

② 「Rotator」を選択してドアの左下あたりにドラッグ＆ドロップします。青い直線が回転軸、矢印が回転方向です。

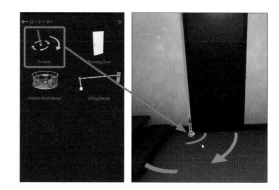

③ ドッグ中央上部の［オブジェクトにリンクする］ツールをクリックして、扉をクリックします。

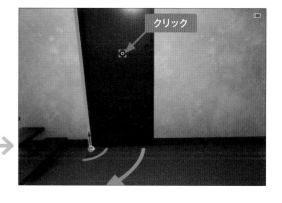

④ 扉が開閉するようになりました。これだけだと取っ手などの金物が回転していなかったり、回転の中心がずれていたりするので、それらを修正します。ドック中央上部の［リンクを解除する］ツールをクリックして、いったん扉とのリンクを解除します。

⑤ ドックの［プレイ］を Off にして扉の動きを止め、シーングラフパネルで配置したローテーターとドア、それに付随する金物を選択して右クリックします。シーングラフメニューから［他のオブジェクトを隠す／全て表示］を選択して他のオブジェクトを隠します。

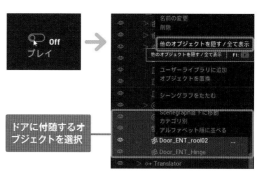

6 まず、回転の中心を修正します。ローテーターを移動して、回転軸をドアのヒンジの中心に合わせます。再び［オブジェクトにリンクする］ツールで扉をクリックしたら、［プレイ］を On にしてヒンジを中心に回転するかを確認します。

7 次に取っ手などの金物類を回転にリンクさせます。シーングラフパネルで金物のオブジェクトをすべて選択し、「Rotator」にドラッグ & ドロップして親子付けします。これで金物類も一緒に回転するようになります。

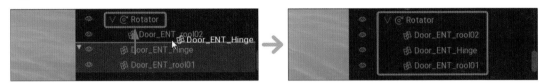

8 シーングラフパネルでシーングラフメニューを表示し、［他のオブジェクトを隠す / 全て表示］を選択してオブジェクトをすべて表示させます。ドッグの［トリガー］を On にして、近づくとドアがきれいに開けば完成です。

ドアをスライドさせて開く

1 スライドでドアを開く場合はライブラリパネルの［ツール］→［アニメーター］から［トランスレーター］を選択します。

2 「Translator」を選択して引き戸の真ん中（召し合わせ部）にドラッグ & ドロップします。ここでは右側の引き戸を左へスライドさせます。

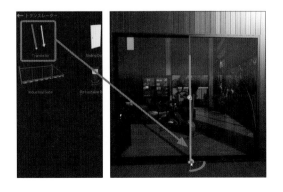

③ ドッグ中央上部の［オブジェクトにリンクする］ツールをクリックして、右の引き戸をクリックします。すると、引き戸が上下にスライドするようになりました。

④ トランスレーターの青い軸が垂直になっていると、スライドも垂直方向になります。このため、軸を水平方向に回転させなくてはなりません。ドッグ中央上部の［リンクを解除する］ツールをクリックして、右の引き戸をクリックし、いったんリンクをはずします。

⑤ トランスレーターを選択し、変換ツールを［回転］に切り替え、青い軸を開く方向に 90 度回転させて水平にします。

⑥ 再び［オブジェクトをリンクする］ツールで右の引き戸をクリックしてリンクすると、左へスライドするようになります。

⑦ 左側の引き戸の先までスライドしてしまうため、ドックの［切替距離］を調整します。ここでは「1.3 m」で適切な距離になりました。

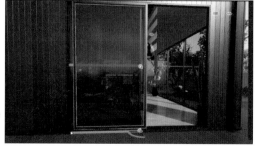

8 ドックの［動き方］を［始点→終点の移動］にし、［トリガー］をOnにして動作を確認します。室内からも確認すれば完璧です。

HINT スライド軸を切り替える方法

ここではスライド軸を回転させて水平方向にしましたが、軸を切り替える方法でも水平にできます。手順③のあとにトランスレーターを選択して、ドックの［切替距離］の［詳細］をクリックします。［方向］をクリックして［X軸］を選択し、前のドックの表示に戻って［切替距離］を「− 1.30 m」にすると、同様の動きを実現できます。

COLUMN **ライブラリパネルの［ドア］アセット**

ライブラリパネルの［ドア］アセットを簡単に説明します。ライブラリパネルから［オブジェクト］→［ドア］を選択すると［開き戸］と［引き戸］があり、これらに用意されているドアのアセットはすべて回転やスライドの動きが付いています。

ドックでは［スタイル］［幅］［高さ］でドアの形状が変更でき、［開き勝手］でドアを開く方向を選択できます。［動作］は［開く］［閉じる］の状態を維持するものと、青い円の内部に入ると自動的に開閉する［トリガー］があり、［詳細］でトリガーの範囲やタイプ（カメラかパスか）などが変更できます。［フレーミング］はガラスの扉で有効になり、枠の面積を増減することでガラスの範囲を変更する設定です。かなり自由な調整が利くので、とくにデザインの指定がなければドアオブジェクトを置き換えてもいいかもしれません。

窓からの雨や雪の侵入を防ぐ

建物にトップライト（天窓）を設置して［天候］を雨や雪にする（P.103）と、窓にガラスのマテリアルを割り当てていても建物の中に雨や雪が侵入してしまいます。このときの応急処置として2つの方法を紹介します。ただ、いずれもデメリットがあり完璧ではないため、侵入を防ぐオブジェクトをユーザーライブラリとして用意しました。

床の降り積もりを解消する

1 まず、床に雪や雨を表示しない方法を紹介します。マテリアルピッカーで床をクリックしてマテリアルを取得します。

2 ドックの［天候］をクリックして Off にすると、床に積もった雪が消えました。マテリアルの［天候］を Off にすると、天候の影響を受けなくなります。ただ、上から室内に降ってくる雪や他のオブジェクト（ここではトレーニングマシン）に積もった雪は消せません。

3 また室外に同じマテリアルを使っている場合は、その部分にも雪が積もらなくなってしまうので、注意が必要です。

窓を板状のオブジェクトでふさぐ

1 ライブラリパネルから［オブジェクト］→［プリミティブ］を開き、たとえば「Plane 1m」をトップライトの外側にドラッグ＆ドロップします。

2 変換ツールを［縮尺］に切り替え、ギズモの軸をドラッグしてガラス面と同じくらいのサイズに拡大します。

③ 室内に移動すると雪は入ってきませんが、見上げると拡大した「Plane 1m」が見えてしまいます。

④ 「Plane 1m」のギズモのZ軸をドラッグして高い位置に移動します。トップライトの勾配を保ったまま垂直に移動するので、雨や雪が吹き込むことはありません。この方法でトップライトの真下以外の位置から見上げれば「Plane 1m」は見えなくなります。ただ、真下からは見えてしまうデメリットは残ります。

ユーザーライブラリデータ「Plane_wanimation」

厚み0（ゼロ）の平面オブジェクトを用意しました。これは表面からは見えますが、裏面から見ると描画されないため、下から見ると透明に見えるオブジェクトです。この平面を先ほどのプレーンと同じように配置すると、雨や雪も侵入せず、室内からも見えません。

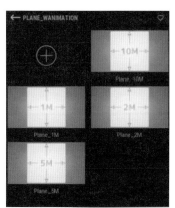

表面

裏面

045

オリジナル背景を設定する

2022バージョンで追加されたスカイドーム(P.33)で天空の背景が追加できるようになりました。スカイドームでも任意の画像に背景を変更できますが、JPG画像は使えません。JPGの360°画像を使ってオリジナルの背景を設定したいときは、ドームまたは球体のオブジェクトの内側に360°画像を貼り、シーン内のオブジェクトをすべて覆うように配置します。

画像とドームを準備する

1 背景とする360°画像を用意してください。ドームに割り当てる360°画像は4Kサイズ以上の高解像度データが適しています。ここで使用しているデータは8192×4096の8Kサイズです。

> **HINT　インターネットから入手する**
>
> 360°画像はインターネットのフリー画像サービスなどでも入手できます。筆者のおすすめは下記のサイトです。
> 「Poly Haven」https://polyhaven.com/

(2) ドームオブジェクトを持っていない場合は、「Twinmotion サポートサイト」で配布されているテクスチャドームをダウンロードします。「Twinmotion サポートサイト」の「ヒントとトリック」にある記事「Twinmotion クイックヒント：Twinmotion で背景をカスタマイズする」（https://twinmotionhelp.epicgames.com/s/article/Twinmotion-Quick-Tips-customizing-the-background-in-Twinmotion?language=ja）ページを開きます（こちらのページでもオリジナル背景の作り方が紹介されています）。このページ内の「ステップ 1/4：」の行にある「テクスチャドームのサンプル」の文字がリンクになっています。ここをクリックしてデータをダウンロードし、「ユーザーライブラリ」に登録（P .242）します。

> **HINT** .rar 形式の解凍
>
> ダウンロードデータは「.rar」という形式で圧縮されています。この形式は Windows 10 の標準機能では解凍できません。「.rar」に対応したアプリケーションまたはオンラインツールなどを使って解凍してください。

ドームに背景を設定する

(1) ここではダウンロードしたドームとは違うものを使いますが、方法は同じです。まず、ライブラリパネルの [ツール] → [ユーザーライブラリ] を開き、任意のドームをビューポートにドラッグ＆ドロップします。

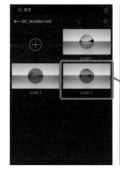

> **HINT** 地面がある場合
>
> シーンに地面がある場合は削除してください。

(2) マテリアルピッカーでドームの内側をクリックして、マテリアルを取得します。ドックの [色] の [詳細] をクリックします。

Twinmotion デザインテクニック

③ ドックの表示が切り替わったら［テクスチャ］をクリックし、表示されたメニューから［開く］を選択します。［ファイルを開く］ダイアログで背景にしたい 360°画像を選択して開きます。

④ ドックの［テクスチャ］が変更されますが、これだけではドーム内の表示は変わりません。もう一度［テクスチャ］をクリックして、メニューから［コピー］を選択します。

⑤ メニューの階層で 1 つ前のドックの表示に戻り、一番右の［設定］をクリックします。

⑥ 表示が切り替わったら［グロー］の［詳細］をクリックし、ここの［テクスチャ］をクリックして［貼り付け］を選択します。

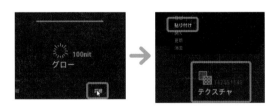

⑦ これでドーム内の背景が手順④で選択した画像に変更され、オリジナルの背景ドームが作成できました。作成したドームは P.242 の方法でユーザーライブラリに追加しておきます。

HINT [グロー] の数値

このときドックの [グロー] の数値は「100」にして
ください。「0」にすると、右図のように真っ暗になっ
てしまいます。[設定] にある他の項目はすべて 0%
と Off です。[反射] も 0%にします。

ドームを配置する

1 背景を変えたいシーンをビューポートに表示します。ライブラリパネルの [ユーザーライブラリ] を開き、作
成したドームをビューポートにドラッグ＆ドロップします。

2 シーンの背景がオリジナルの背景に変更されました。

167

046

芝のカラーペインティング

芝の色を変更すると、人工芝のような絵や文字がデザインできたり、毛足の長いカーペットを表現できたりします。色は［カラーピッカー］ダイアログで変更します。色の変更は元の芝の色がベースになるため、白に近い色にしたいときはコツが必要です。

....

芝の色を変える

(1) 芝を植えるオブジェクトを読み込み、P.66の方法でオブジェクトに芝を植えます。［植栽ペイント］と［植栽分散］のどちらを使ってもかまいません。

芝を植える

2 芝を植え終えたら、ドックに表示されている芝を選択して［設定］をクリックします。

3 ドックの表示が切り替わったら［色合い］を
クリックして、［カラーピッカー］ダイアログを
開きます。

 →

4 ［カラーピッカー］ダイアログで任意の色を指定すると、芝の色が変更できます。

芝を白く見せる

1 ［カラーピッカー］ダイアログで白を指定しても、
芝はデフォルトの緑のままです。ここでは目の
錯覚を利用して、芝を白く見せる方法を紹介します。

2 芝を選択し、ドックの［乾燥］を「100%」にします。これでかなり白くなりました。周囲に濃い色を置けば、ほぼ白に見えます。

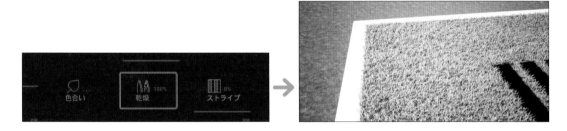

HINT 白色にならない場合

白ではなく枯れたような色になってしまう場合は、色を図のような明るめの青色に設定してみてください。

3 より白く見せたい場合は、［設定］→［ライト］の［ホワイトバランス］の値を少し下げて全体に青みをかけます。また、［設定］→［カメラ］→［視覚効果］→［色調］の［タイプ］で青みの強い色調を採用する方法もあります。これらの方法はドックの［設定］、または静止画や動画の［More］から操作できます。

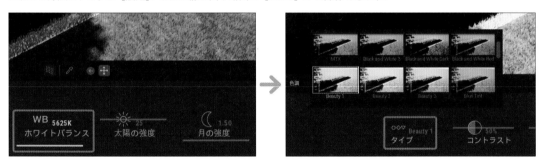

HINT 縞模様の芝

芝を選択してドックの［ストライプ］の数値を上げると、スタジアムのような縞模様の芝になります。右下の［詳細］で縞の角度やサイズ（幅）を変更できます。

線画のシーンをつくる

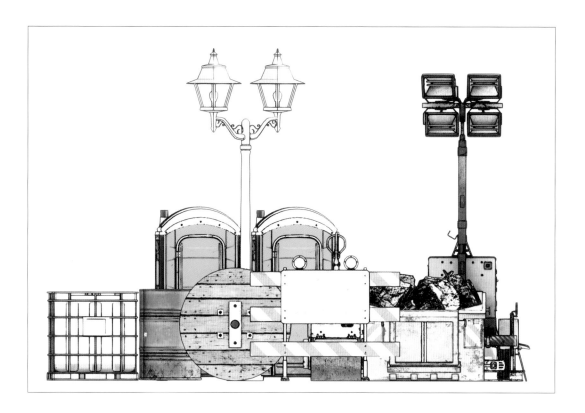

ビューポートに表示されたシーンを線画にする方法は2つあります。[フィルター]を使う方法と[ビュー]を使う方法です。以前は[ビュー]を使う方法だけでしたが、2021バージョンで大幅にフィルターの種類が増え、線画風の加工も可能になりました。

フィルターで線画にする

① ドックの[設定]から[カメラ]を選択します。ドックの表示が切り替わったら[視覚効果]を選択し、[フィルター]をクリックします。

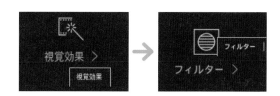

② ［タイプ］をクリックすると、フィルターの一覧が表示されます。ここからフィルターを選択します。

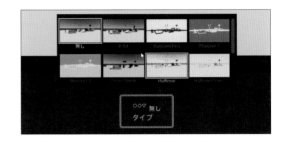

③ この中で線画風に加工できるのは、「Hidden Line」や「Line Heavy」などです。

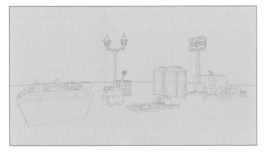

「Hidden Line」
高精度な鉛筆スケッチ風

「Hidden Line2」
「Hidden Line」に陰影が付いている

「Line Heavy」
現在のビューに太い輪郭線が付くイメージ

「Line Regular」
「Line Heavy」より輪郭線が少し細い

④ フィルター適用後に、ドックの［視覚効果］→［色調］を選択して［コントラスト］や［彩度］などの数値を変更すると、線画の色やコントラストを調整できます。

ビューで線画にする

1 ビューポートの目のアイコンをクリックして [ビュー] をクリックします。[ビュー] はシーンを見る方向を選べる機能ですが、中央の [遠近法] 以外のビューは、すべて線画で表示されます。これを利用します。

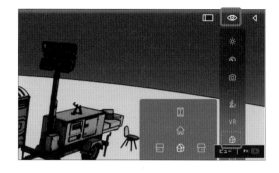

2 任意のビュー（ここでは [左側面]）選択すると、線画で表示されます。ただ、この方法だと決まった方向でしか表示できないというデメリットもあります。

3 フィルターと同様に、ドックの [色調] で線画の色やコントラストを調整できます（前ページ）。

HINT 線画作成時の [ライト] の設定

線画作成時にドックの [設定] → [ライト] → [露出] の数値が高すぎると、線が飛んでしまうので注意しましょう。色の付いた線画にするときは、[設定] → [ライト] → [環境光] の数値を最大の「2」まで上げておくと、影による黒つぶれが最大限排除でき、トゥーン調のきれいな線画になります。

環境光＝0

環境光＝2

048

色調で絵の雰囲気を変える

Twinmotion では［フィルター］（P.171）と同じく、［色調］にも多くのプリセットが用意されています。コントラストや彩度も併せて設定できるので、自由度の高い色調変化が楽しめます。

色調を変える

(1) 静止画を作成（P.110）して色調を変えてみます。ドックで任意の静止画の［More］をクリックします。

(2) ドックの［カメラ］→［視覚効果］→［色調］を選択します。［タイプ］をクリックすると、色調の一覧が表示されます。ここでは「Cine 10」を選択しました。

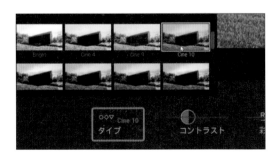

③ さらに［タイプ］の右にある［コントラスト］を少し下げ、［彩度］を少し上げてみました。［天候］を秋にした
だけのものより、秋の雰囲気が感じられる、やわらかい表現になりました。

④ 同様に、［天候］を夏にしただけの静止画に色調を設定した例をいくつか挙げます。「Blue Tint」は青みがかかっ
て、さわやかな感じになるのでおすすめです。その他にも簡単に絵の雰囲気を変化させることが可能です。い
ろいろと試して、好みの色調を探してみてください。

色調設定なし

「無し」
コントラスト＝ 40%、彩度＝ 100%

「Blue Tint」
コントラスト＝ 40%、彩度＝ 50%

「Copper」
コントラスト＝ 35%、彩度＝ 75%

「Vice04」
コントラスト＝ 45%、彩度＝ 55%

「TM Brannam」
コントラスト＝ 35%、彩度＝ 75%

049

モデルを断面で表示する

読み込んだ 3D モデルを断面表示したいときは、ライブラリパネルにある［断面］を使います。

モデルを断面表示する

1 ライブラリパネルの［ツール］→［断面］を開きます。

2 「Section Cube」を 3D モデルへドラッグ＆ドロップします。

③ オレンジのボックス枠が表示されます。ギズモを選択して移動すると、ボックスにかかる所が切り取られ、内部が見えるようになります。断面表示をしたい位置に移動します。

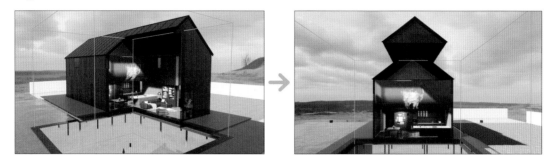

断面を調整する

① 屋根や敷地が断面になっていないため、ボックスの大きさを変更します。ドック中央上部の変換ツールを[縮尺]にすると、ボックスの各面に黒いキューブが表示されます。これをドラッグして断面の範囲を合わせます。

② 断面に色を付けたいときは、ドックの[色]をクリックして任意の色を選択すると、切断位置からドックの[厚み]に設定された長さまで選択色で塗られます。ただし、外壁と内壁の間などの空洞部分はそのままで、自動で塗りつぶす（ふたをする）機能はありません。

HINT [反転]

ドックの[反転]を On すると、断面の表示が反転し、ボックスにかかる所以外が切り取られて表示されます。

Twinmotion
デザインテクニック

050

ビューで断面表示する

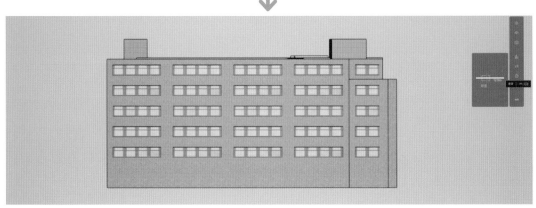

ビュー全体を断面で表示したいときは、目のアイコンから選択する［ビュー］→［断面］を使います。複数の建物を同時に断面表示できるほか、建物が密集しているエリアで、任意の建物の立面を表示したいときにも使えます。

ビューで断面表示する

① ここでは都市の一角のようなモデルから、一番左の建物の側面を表示します。視点移動だけでは周囲の建物が入り込み、うまく側面全体を表示できません。

この建物の側面

周囲の建物が入ってしまう

(2) 目的の面が画面に対して正面になるように
ビューを設定します。ビューポートの目のアイ
コンをクリックして［ビュー］をクリックし、［右側面］
を選択します。ビューが右側面表示になります。

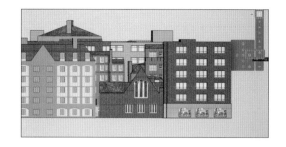

(3) もう一度、目のアイコンをクリックして［断面］をクリックします。左側に表示されるバーを上へドラッグする
と、断面が奥へと移動していきます。

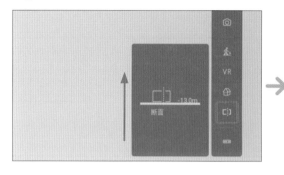 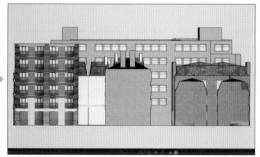

HINT 断面のイメージ

図のような面状のカットラインが移動していくイメージ
です。

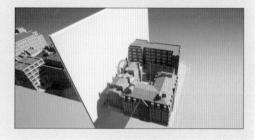

---

(4) 目的の建物の側面がきれいに表示されるところ
までバーをドラッグします。

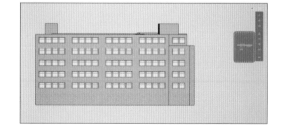

HINT 視線の方向によってカットラインが変わる

カットラインは視線の方向によって変わります。［ビュー］
を［カスタム］にして、視線を回転するとカットライン
が変化することがわかります。なお、［断面］はビューモー
ドのみ有効で、通常の遠近法ビューでは使えません。

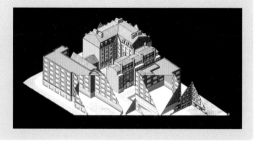

051

ホワイトモデルを作成する

[クレイレンダー] を使うと、シーン全体を建築模型のようなホワイトモデルにできます。簡単なボリューム検討などにも使えて便利です。

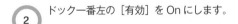

ホワイトモデルを作成する

1 ドックの [設定] から [カメラ] → [視覚効果] を選択します。ドックの表示が切り替わったら、[クレイレンダー] をクリックします。

2 ドック一番左の [有効] を On にします。

③ ビューのオブジェクトがクレイ（粘土）モデルになります。

④ ドックの［色］をクリックし、［カラーピッカー］ダイアログで白にすると、ホワイトモデルになります。

 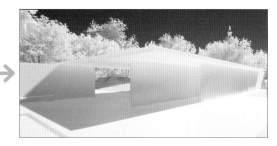

HINT 白くしたくないものを除外

ドックの［選択］をクリックすると、クレイレンダーの対象にするものが選べます。デフォルトはすべてにチェックが付いていますが、クリックしてチェックをはずしたものは元の表示に戻ります。このチェックで人物だけを白抜きにすることもできます。

ただし、ここで表示を選べるのは、Twinmotion のライブラリパネルから配置したアセットやマテリアルだけです。3D データから読み込んだオブジェクトはすべて［その他］になり、その中の一部だけを元の表示に戻すことはできません。

［植栽］と［ガラス］のチェックをはずした状態

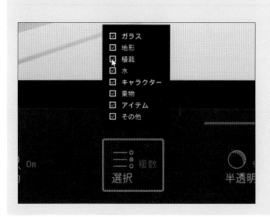

［人物］だけにチェックを付けた状態

052

鏡面反射を設定する

Twinmotion は SSR（スクリーン スペース リフレクション）という反射の仕様を採用しています。SSR だけでは鏡に映るものをうまく表現できません。鏡面反射の表現をよりよいものにしたいときには[リフレクションプローブ] を使います。

初期設定 SSR の反射結果

1 右の図は初期設定の SSR の結果です。この壁掛けの鏡にはガラスのマテリアル「Mirror」を適用しています。ぼんやりとした人影が鏡に映っていることがわかります。本来は人物の正面（顔）と奥のキッチンが鏡に映し出されるはずです。

(2) 視線の向きを変えると、部屋の様子が一部不鮮明ながらも映りました。SSR ではビューポート内に見えているものしか反射素材として採用しないことがわかります。このような状態を解消するために［リフレクションプローブ］を使います。

リフレクションプローブを使う

(1) ライブラリパネルの［ツール］→［リフレクションプローブ］を開きます。球体と立方体のリフレクションプローブがあり、平面状のオブジェクトには立方体のほうを使います。「Box ReflectionProbe」を壁掛け鏡の前にドラッグ＆ドロップします。

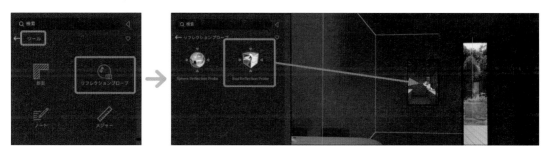

(2) 鏡の前にあるキッチンが反射して、鏡に映り込みました。これだけで鏡面反射の設定は完了です。反射素材（鏡など）の大きさによってサイズ変更も可能です。鏡面反射が粗い場合は、P.258 を参照して反射の解像度を調整してください。

リフレクションプローブを更新

(1) リフレクションプローブを設定したあと、人物や家具などのアセットを追加・変更した場合、リフレクションプローブの更新が必要になります。このようなときは配置したリフレクションプローブを選択し、ドックの［更新］をクリックします。

② 人物がビューポート内に入ると鏡に SSR の反射も追加され、黒い物体が映り込んでしまいます。これを解消するにはドックの［設定］→［カメラ］→［視覚効果］→［反射］を選択し、［SSR］を Off にします。

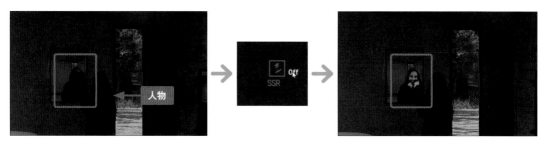

③ 壁掛け鏡の前のほか、テレビ画面の前（A）とスライドドアの前（B）に立方体のリフレクションプローブを、中央スタンドライト前（C）に全体を覆うように球体のリフレクションプローブを配置しています。Twinmotion では複数のリフレクションプローブを配置できるので、全体を覆う形で 1 つ、鏡面反射の精度を上げたいところに適宜配置するとよいでしょう。

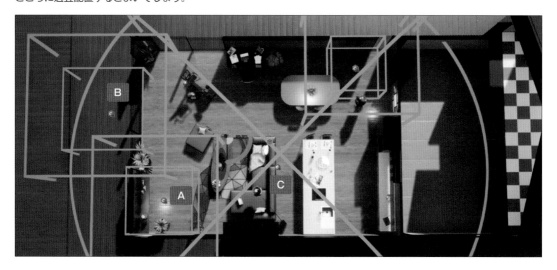

HINT ［SSR］の Off は必要なときだけ

［SSR］を Off にすると、床や壁などで SSR の効果が必要な部分もすべて Off になってしまいます。Off にする必要がないときは、必ず On に戻してください。

SSR = Off

SSR = On

遠いオブジェクトの陰影を表現する

広範囲のランドスケープを作成すると、遠くにあるオブジェクトが色の薄い平面的な表示になることがあります。これは遠いオブジェクトに影が表示されていないからです。[影]の設定を変更すると、遠いオブジェクトの陰影が表現され、遠景までキレイに表示されます。

遠いオブジェクトに影を表示

1 この例では、川の奥の樹木が平面的な表示になってしまいました。これを修正します。

② ドックの［設定］から［レンダラー］をクリックし、［影］のバーを調整します。デフォルトは「400m」ですが、「605 m」で手順①のような表示でした。バーを上へドラッグして、距離を大きくします。

③ 「3185 m」で奥の樹木に陰影が付き、立体的な表示になりました。このように影の距離設定とは何メートル先まで影を表示させるかというパラメータになります。

HINT　影の表示距離と精度の関係

［影］は常に表示距離を最大にすればいいのかというと、そうではありません。表示距離を大きくすると、近くのオブジェクトの影に影響が出てきます。［影］を最大の「5000 m」にすると、近くのオブジェクトの影が薄くなり、輪郭がぼんやりした粗い影になります。残念ながら Twinmotion では、表示距離を最大にして、すべての影の輪郭をはっきり表示することはできません。これは描画負荷を減らすための機能です。

このため［影］の表示距離を上げるときは、近くの影の精度を確認しながら、適切な数値に設定してください。

影＝ 50 m

影＝ 5000 m

186

COLUMN	影の偏差

影の表現は、ドックの［影］の右下の［詳細］をクリックして表示される［影の偏差］でも調整できます。［影の偏差］とは英語で「Shadow Bias」と呼ばれ、簡単に説明すると、オブジェクトとオブジェクトの接地感を調整するためのものです。0.1 〜 1 の範囲で設定でき、値が大きくなるほど影がオブジェクトから離れて表示されます。

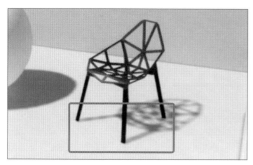

影の偏差＝ 0.1

影の偏差＝ 1

最小値にすれば、オブジェクト同士の接地感を増すことができますが、「アーティフェクト」と呼ばれる縞状のノイズが発生しやすくなります。このため、アーティフェクトの発生を抑え、影がオブジェクトから離れすぎない値を探さなくてはなりません。0.25 〜 0.5 くらいがおすすめですが、［影］の表示距離によっては精度が粗くなることがあります。まずは［影］の表示距離による影の精度を確認し、それを［影の偏差］で補って調整する方法がベストです。

アーティフェクト

054

外から差し込む光を強調する

エリアライトを回転させ、窓などの開口部に配置すると、外から差し込む光を強調することができます。ライトは明るすぎるとウソっぽくなるので注意してください。

窓にエリアライトを配置する

1 ライブラリパネルの［ライト］から［Area light］を選択し、窓の近くの床にドラッグ＆ドロップします。だいたい窓と同じくらいの大きさに調整します。ここではドックで［長さ］［幅］ともに「2 m」に設定しました。

② 配置したエリアライトを選択し、ギズモの Z 軸を上へドラッグして、ライトを少し上に移動します。次に［回転］ツールでギズモの円弧部分をドラッグして、90°回転させます。この状態で右から左へライトが当たっている状態になります

③ エリアライトを窓のガラス面に合うように移動し、［長さ］と［幅］をガラス面と同じか、少し小さいくらいに調整しなおします。

光を調整する

④ ドックの［減衰距離］を調整します。ここでは部屋の半分くらいの距離になるように「5 m」に設定しました。対面の壁まで光を届かせたいときは、距離を延ばしてください。

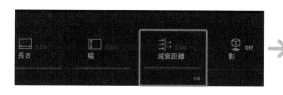

⑤ 窓から差し込む光が強調されました。光の強さは、ドックの［ライト］のオン／オフを切り替えながら、適切な明るさに調整してください。あくまで補助光の表現になるため強度は上げすぎないように注意してください。また、さわやかな光を表現したい場合は、エリアライトの色を寒色系に、あたたかな光を表現したい場合は暖色系の色を割り当てるのもいいかもしれません。

ライト＝ Off

ライト＝ On

055

曲面に間接照明を仕込む

たとえば、円形の下がり天井に間接照明としてライトを配置する場合、曲面に沿ってライトを1つずつ並べて配置するのは手間がかかります。読み込むモデルに曲面に沿ったオブジェクトを配置しておくと、[オブジェクトを置換] 機能を使って簡単にライトを配置できます。

オブジェクトをライトに置換する

① 読み込むモデルを作成するときに、曲面に沿ってオブジェクト（ここでは球体）を配置しておきます。この例では曲面の折上げ天井部分から照らす間接照明のイメージです。

(2) モデルを Twinmotion に読み込んだら、シーン
グラフパネルで曲面に配置したオブジェクトを
すべて選択して、シーングラフメニュー（または右クリッ
ク）から［オブジェクトを置換］を選択します。

HINT　モデル読み込み時の［オプション］

モデルデータを読み込む際は、球体一つ一つが独
立オブジェクトとして読み込まれている必要があり
ます。読み込み時に表示されるダイアログの［オ
プション］→［再構成］（P.29）で［オブジェクト
階層を維持する］を選択して読み込んでください。

(3) ライブラリパネルの［ライト］から任意のライ
トをドックの［ここにドロップ］へドラッグ＆
ドロップし、［置換を開始］をクリックします。

(4) 選択したオブジェクトすべてがライトに置換さ
れます。一瞬で複数のライトを配置できました。
あとはドックで［強度］や［色］を調整します。

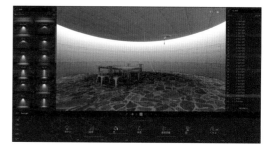

HINT　［オブジェクトを置換］

［オブジェクトを置換］は、オブジェクトをライブラリパネルのアセットに置き換える機能です。同位置に置き換
えますが、置換はインポートされた時のオブジェクトの基点（ギズモの中心）に合わせて行われるため、基点の位
置によっては、ずれることがあります。その場合、モデリングソフト等で基点を正しく修正する必要があります。

右手前の椅子を置換

056

背景をぼかす

静止画をつくるときに特定のものを強調したり、雰囲気のあるシーンに仕上げたい場合は、背景をぼかすと効果的です。背景をぼかすときは［被写界深度］をOnにします。

....

背景をぼかす

1 任意の静止画を作成（P.110）し、ドックのサムネイル右下の［More］をクリックします。

2 ［カメラ］を選択し、ドックの表示が切り替わったら［被写界深度］をOnにします。

③ 被写界深度の効果がかかり、図のように一部のオブジェクト以外がボケたことがわかります。

［被写界深度］の設定

被写界深度の距離やボケの範囲などは、［被写界深度］右下の［詳細］をクリックして表示されたドックの画面から設定できます。

❶ ピント合わせツール：ツールでピントを合わせたいオブジェクトをクリックすると自動的にそこにピントが合う
❷ 距離：被写体までの距離を手動で設定
❸ 視野角：［カメラ］の［視野角］と同じ。数値が大き

いほど広角になる
❹ アパーチャー：「絞り」のこと。数値が小さいほどピントが合う範囲が狭くなる。デフォルトは「1」
❺ ボケ：ボケの形。4 ～ 16 角形まで指定でき、数値が大きいほど円に近くなる。

ボケ＝4

ボケ＝6

HINT 背景をぼかすときの視野角

［視野角］を 45 ～ 55 くらいに設定すると、ボケの効果がきれいに出ます。

057

透明の壁で移動制限する

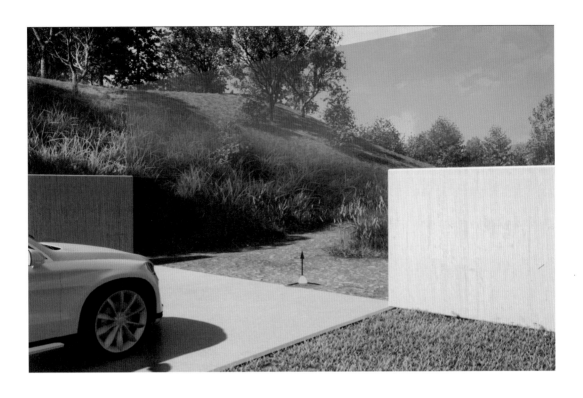

VR やプレゼンテーションでシーンの中を自由に歩き回るときに、[ウォークモード] にすると壁の通り抜けができません。これを利用して透明の壁をつくれば移動制限できます。メインのエリア以外は立ち入り禁止にしたいときに便利です。ただし、[フライモード] にした場合は移動制限ができません。

透明の壁をつくる

① ライブラリパネルの [オブジェクト] → [プリミティブ] を開き、ここでは「Box 1m」を移動制限したいところにドラッグ & ドロップします。制限範囲が広いときは 10 mなどの大きなプリミティブを使用してください。

(2) 変換ツールを[縮尺]に切り替えます。ギズモの軸をドラッグしながらボックスを壁の形にします。

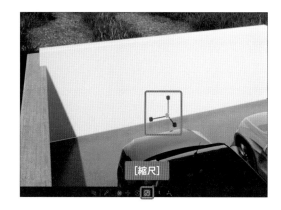

(3) 変換ツールを[移動]に戻して、ここでは入口をふさぐ位置に移動します。

(4) ライブラリパネルから[マテリアル]→[ガラス]を開き、「Clear glass」を作成した壁にドラッグ&ドロップします。壁が透明になりました。

(5) よく見ると部分的に壁がぼんやりと見えます。ガラスの[不透明度]が「30%」になっているので「0%」にします。壁が透明になりました。0%にしても壁の縁が表示される場合は壁の厚みを[縮尺]ツールで薄くして調整してください。F12キーを押してプレゼンターモードにし、Mキーを押して[ウォークモード]にします。透明な壁に向かって移動し、それ以上先に進めないことを確認します。

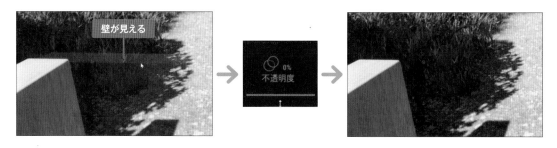

058

動画をマテリアルに使う

Twinmotion では動画をマテリアルとして利用できます。動画を使うとテレビやプロジェクターなどに映像が流れている様子や、動く天体などを表現できます。

....

テレビに映像を映す

1 ライブラリパネルの［マテリアル］→［動画］を開きます。

②　「Video sample」をテレビの画面にドラッグ＆
　　ドロップします。テレビに動画が映るようにな
りました。

③　動画は自分の持っている任意の動画に変更でき
　　ます。動画をドラッグ＆ドロップした後にドッ
クの［動画］をクリックして表示されたメニューから［開
く］を選択します。

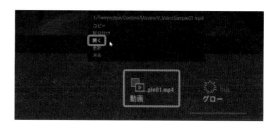

④　［ファイルを開く］ダイアログで任意の動画を選
　　択して［開く］をクリックします。マテリアル
として利用できる動画のファイル形式は、「.avi」「.wma」
「.mp4」です。

⑤　テレビに映る動画が上記で選択した動画に変更
　　されました。

プチ

デザインテクニック　**暗い部屋で光るテレビ**

暗い部屋でテレビが光っているように見せたい
ときは、ドックの［グロー］の値を上げると動画
に光の効果を追加できます。

動く天体

① P.165 の方法でドームを使った背景を設定します。

② P.196 の手順①〜③と同じように「Video sample」を背景にドラッグ＆ドロップします。ドックの［動画］から［開く］を選択し、任意の動画（天体らしいもの）を開きます。

③ 背景が任意の動画に変更されます。ドックの［グロー］の値を変更して明るさを調整すれば完成です。オーロラや星空などが動いていく様子が表現できます。

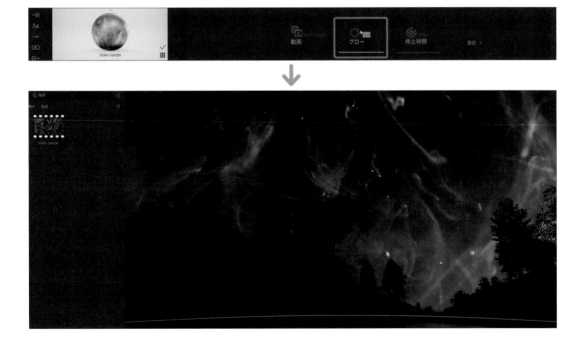

059

テクスチャを使ったマテリアルの調整

自分で用意したテクスチャ画像を各種パラメータに反映することにより、さまざまな効果をもったマテリアルが作成できます。ここではその作成方法をいくつか紹介します。マテリアルピッカーでマテリアルを取得した状態（P.43）から説明します。

部分的に透過するマテリアル

① 右のような部分的に透過するマテリアルをつくります。

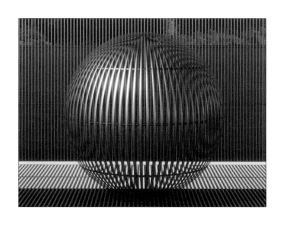

② 部分的に透過させたい場合は、透過情報を持つアルファチャンネル付きの PNG ファイルを使います。通常と同じようにドックの［色］の［詳細］をクリックして、［テクスチャ］から読み込みます（P.166）。

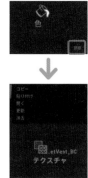

③ これだけでアルファチャンネルによる透過が表現できます。格子状のオブジェクトなどをつくるときに便利です。透過しない場合は、ドックの［半透明マスク］が On になっているかを確認してください。

凹凸をリアルに再現する

① 凹凸を疑似的に表現するにはバンプを使います。まず、右のような凹凸のマテリアルをつくります。

② バンプ用のマップ（画像）を用意しておきます。ドックの［設定］を選択し、［バンプ］の［詳細］をクリックして［ノーマルマップ］からマップを読み込みます。

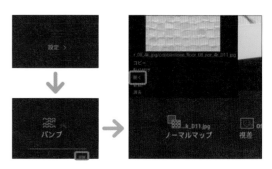

③ マップを読み込んだ後、[バンプ]の数値を上げると凹凸が表現されます。

④ 次に[視差]を使って、右のような凹凸のを表現をします。

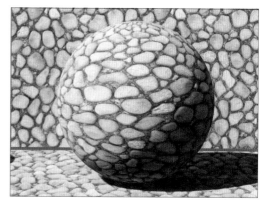

⑤ 手順②で使用した[ノーマルマップ]の右にある[視差]の[詳細]をクリックします。

⑥ [ハイトマップ]から高さ情報を保存したマップを読み込みます。このマップは高い部分が白、低い部分が黒のグレースケール画像です。

 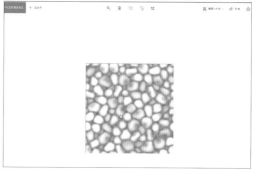

7 マップを読み込んだ後、［視差］を On にすると凹凸が表現されます。

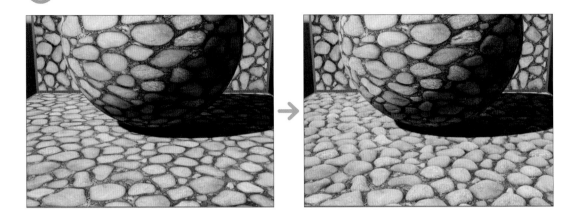

HINT バンプ用のマップ

Twinmotion で使えるバンプ用のノーマルマップは DirectX 形式です。OpenGL 形式の場合は画像処理ソフトなどで変更されることをおすすめします。

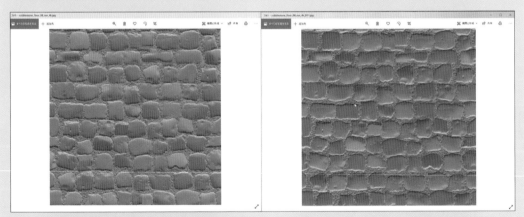

左が OpenGL 形式、右が DirectX 形式。RGB の G の Y 方向の情報が逆になっている

部分的に反射するマテリアル

1 部分的に反射させる方法を2つ紹介します。ます、右のような反射の表現を説明します。

2 ドックの［反射］の［詳細］をクリックし、［テクスチャ］から図のようなグレースケールのマップを読み込みます。これで素材の粗さ（滑らかさ）を定義します。

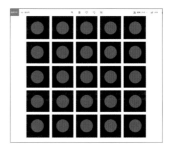
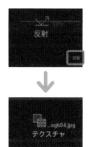

3 黒色を適用したオブジェクトにマップが反映されました。マップの白い部分（目地）が無反射（粗さ）、黒い部分が反射（滑らかさ）を表しています。グレーは白黒の比率に応じた鈍い反射になります。これで部分的に反射するマテリアルになりました。このとき、［反射］の値は「50％」にしないと、うまく反射が反映されないので注意してください。

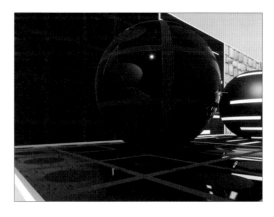

4 2つめの方法は金属的質感を使って反射を表現する方法です。右のようなマテリアルをつくります。

⑤ ドックの［設定］をクリックし、［金属的質感］の［詳細］をクリックして［テクスチャ］から手順①と同じマップを読み込んでみます。ここでは、どの部分が金属的質感かを定義します。

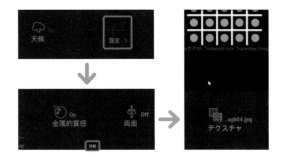

⑥ 白色を適用したオブジェクトにマップが反映されました。今度は逆にマップの白い部分（目地）が反射（メタリック）、黒い部分が無反射（非メタリック）になります。鏡面の部分反射を取り入れたいときは、この方法を使ってみてください。

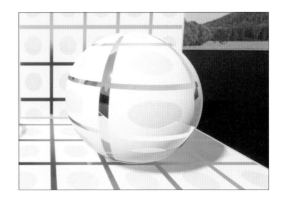

マテリアルの一部を光らせる

① ここではドックの［色］の［テクスチャ］で猫の画像を読み込んでいます。この猫の目を光らせます。

② ドックで［設定］を選択し、［グロー］の［詳細］をクリックします。

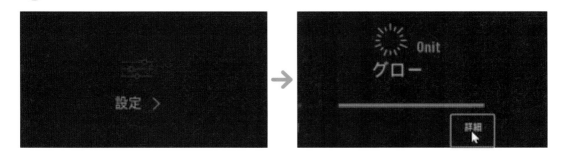

③ ［テクスチャ］から同じ猫の画像で目の部分を白
くした、グレースケールのマップを読み込みま
す。

④ これで［グロー］の値を上げると猫の目が光り
ます。読み込んだマップの黒い部分は光らず、
白い部分が光るようになっています。

→

HINT 光の色を変更する

ドックの［輝度フィルター］や［温度］で光の色を変
更できます。ただ、両方を使うと色がぶつかってしま
い、光らなくなってしまうことがあるので、どちらか
片方で光の色を設定したほうがいいでしょう。

インポートした植栽の葉を透過させる

植栽に光が当たると、葉に光が透過した明るい部分と葉が重なった影の暗い部分ができます（画像左）。葉の表面から入った光が内部で拡散されて裏へ抜ける状態が半透明に見える様子を CG では SSS（サブサーフェススキャッタリング）と呼びます。Twinmotion では完全な SSS を追加できませんが、半透明のマテリアルを使うことで、それっぽく見せることができます。

半透明のマテリアルを追加する

1 インポートした植栽は表面に光の反射がありますが、裏に光が抜けず不自然な印象を与えます（上記画像右）。これを光が抜けているように見せるため、葉のマテリアルを設定します。マテリアルピッカーで葉の部分をクリックして、現在のマテリアルを取得します（ここでは比較のため同じ植栽を 2 つ置き、左の植栽を透過させます）。

クリック

(2) ライブラリパネルから［マテリアル］→［半透明］を開き、任意のマテリアル（どれでも OK）を植栽の葉にドラッグ＆ドロップします。

(3) ドックの［色］の［詳細］をクリックします。ドックの表示が切り替わったら、［テクスチャ］をクリックしてメニューから［開く］を選択します。

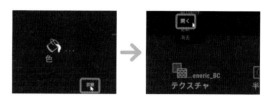

(4) ［ファイルを開く］ダイアログで、元の葉のマテリアルを選択して［開く］をクリックします。これで半透明のマテリアルが追加された状態になります。反射やバンプのテクスチャも設定するなら、反射は［反射］の［詳細］、バンプは［設定］の［バンプ］の［詳細］から割り当ててください（P.200、203）。

光の透過具合を調整する

(5) メニューの階層から1つ前のドックの表示に戻り、［半透明］の数値を上げて透過を調整します。ここでは「0.95」に設定しました。

6 葉の表面の色が薄くなっています。半透明を使うと色が少し変わってしまうので、ドックの[色]をクリックして開く[カラーピッカー]ダイアログで調整します。

7 さらに葉のツヤ感を出すため、ドックの[反射]の数値を上げます。

8 これで表面は元の植栽(右)とほぼ同じになりました。裏から見ると、光が透過している様子が表現できています。

時間経過アニメーション①
（朝から夜まで）

朝から夜までの時間経過を定点カメラで表現したアニメーションをつくります。作り方は基本の動画作成（P.114）と同じです。時間経過は［More］で設定します。

完成イメージ

動画を作成する

1 ドックの［メディア］から［動画］を選択します。［動画作成］の＋マークをクリックします（P.114）。ビューポートでアングルを調整し、最初のキーフレームの［リフレッシュ］をクリックして画面を更新します。

2 　キーフレーム右側の＋マーク［キーフレームを作成］をクリックして、同じアングルのキーフレームを追加したら、最初のキーフレームの［More］をクリックします。

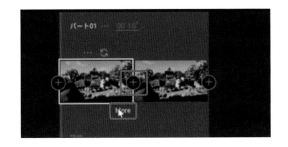

3 　ドックの［ロケーション］をクリックして表示が切り替わったら、[時刻] を夜明け前の時間（ここでは朝5時）に設定します。

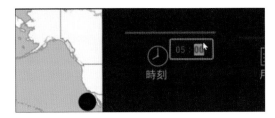

4 　動画作成の表示に戻り、追加したキーフレームの［More］をクリックします。［ロケーション］→［時刻］で、こちらは日暮れの時間（ここでは 21 時）に設定します。設定はこれだけです。

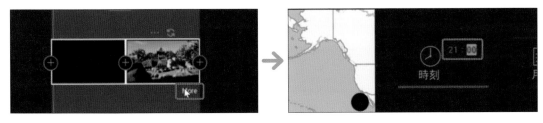

5 　動画作成の表示に戻り、ドック中央上部の［再生／停止］ツールをクリックします。

6 　夜明けから日が暮れるまでの動画が再生されます。

HINT　キーフレームの作成

キーフレームを増やしてもかまいませんが、キーフレームが増えても1つの動画の再生時間は 10 秒のままなので、時間設定には気を付けましょう。2番目以降のキーフレームのアングルを変えておけば、アングルを変更しながら時間経過するアニメーションになります。

日中は消えるライトを追加する

1 完成イメージでは、暗くなると自動的に灯ろうの明かりが灯ります。この設定を説明します。ライブラリパネルから［ライト］を開き、「Omnidirectional light」を灯ろうの中にドラッグ＆ドロップします。

2 ドックで［影］を On にして、［強度］の［詳細］をクリックします。

3 ドックの表示が切り替わったら［日中は消灯］を On にします。

4 これで動画を再生します。［再生 / 停止］ツールをクリックすると、日中はライトが消え、暗くなると再び点灯します。

デザインテクニック Twinmotion

062

時間経過アニメーション②
（木の成長）

木が成長するアニメーションをつくります。作り方は基本の動画作成（P.114）と同じです。Twinmotion には樹木の成長をコントロールする機能があるので、これを使います。

完成イメージ

動画を作成する

1 ドックの［メディア］から［動画］を選択し，［動画作成］の＋マークをクリックします（P.114）。ビューポートでアングルを調整し、最初のキーフレームの［リフレッシュ］をクリックして画面を更新します。

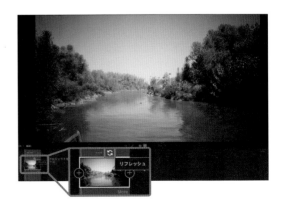

②　キーフレーム右側の＋マーク［キーフレームを作成］をクリックして、キーフレームを追加します。ここでは追加したフレームを少し上昇させたアングルに更新しましたが、同じアングルでも問題ありません。最初のキーフレームの［More］をクリックします。ドックの［天候］をクリックして表示が切り替わったら、［成長］を小さい値（ここでは最小値の「0」）に設定します。

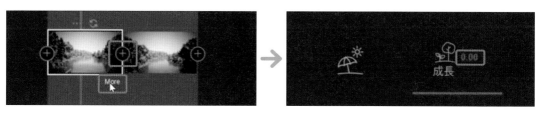

③　動画作成の表示に戻り、追加したキーフレームの［More］をクリックします。［天候］→［成長］で、こちらは大きい値（ここでは最大値の「1」）に設定します。設定はこれだけです。

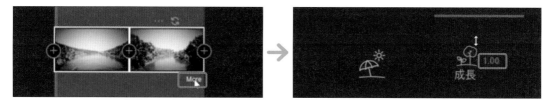

④　動画作成の表示に戻り、ドック中央上部の［再生 / 停止］ツールをクリックします（P.210）。木がだんだん大きくなる動画が再生されます。

プチ

デザインテクニック　天候や季節と組み合わせて雰囲気を出す

［More］をクリックした後の［天候］→［天候］や［季節］で天気や季節に変化を付けると、より雰囲気のあるアニメーションになります。たとえば、最初のフレームは雪解けの季節に木の成長に必要な雨が降っているところ、次のフレームはよく晴れた春夏の季節にしておくと、季節の移り変わりも再現され、ストーリー性が増します。

最初のフレーム　　　　　　　　　　　　　　　　次のフレーム

063

オブジェクト出現アニメーション

上下左右からオブジェクトが出現するようなアニメーションは、ライブラリパネルにある［Transrator］を使ってつくります。オブジェクトごとに時間差を付けて出現させるなら、ひと手間必要です。ここではプリミティブな図形を使って、完成イメージにある床の出現方法を説明します。上下の出現も向きがちがうだけで、作り方は同じです。

完成イメージ

トランスレーターを設定する

1 説明用に角錐（かくすい）を３つ用意し（ライブラリパネル→［プリミティブ］→「Pyramid 1m」）、右から順に01、02、03と名前を付けました。

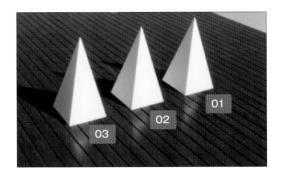

(2) ライブラリパネルから ［ツール］ → ［アニメーター］ → ［トランスレーター］ を開き、「Transrator」を 01 の前に配置します。

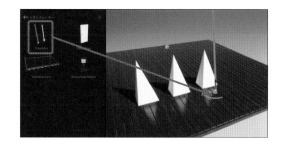

(3) このままだと上方向に移動してしまうため、変換ツールを ［回転］ に切り替えて、青い軸を移動方向（ここでは奥へ 90 度）に回転します。

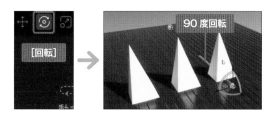

HINT 動きの方向を変える別の方法

ここでは軸の回転で動きの方向を変えましたが、ドックの ［切替距離］ をマイナスにしたり、［切替距離］ の ［詳細］ にある ［方向］ を変更したりして（P.160）、軸の方向を変えてもかまいません。

---

(4) この状態でトランスレーターを 02 と 03 の位置へコピーします。

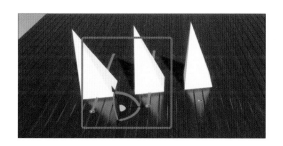

(5) ドックで、すべてのトランスレーターの ［切替距離］ を「5.0 m」、［速さ］ を「3.0」に設定します。この数値はオブジェクトの大きさや位置などによって調整が必要になります。シーンに合わせて微調整してください。

(6) 01 の前に配置したトランスレーターを選択します。ドック中央上部の ［オブジェクトにリンクする］ ツールをクリックし、01 の角錐をクリックしてリンクします。移動が終わったらその場で停止させたいので、ドックの ［動き方］ を ［始点→終点の移動］ に変更します。02 と 03 のトランスレーターも同様に設定します。

7 角錐が 5 m進んで停止しました。実際は 5 m進んで床の中央部（最初の位置）に停止させたいので、5 mずらして配置します。3 つの角錐を選択して、トランスレーターの青い軸と同じ方向のギズモの軸をアクティブにし、切替距離の値と同じ「5」を入力します。

HINT 角錐の移動地点の変更

角錐移動の変更イメージは下図のとおりです。手順⑥でオブジェクトをリンクすると A → B へ移動します。この例では A の位置にオブジェクトを出現させたいので、C → A に角錐が移動するように、手順⑦で角錐の位置を5 mずらしています。

B（最初の終点）　　　A（最初の始点→変更後の終点）　　　C（変更後の始点）

8 始点が手前へ 5 mの位置にずれました。これで最初の位置が終点になり、角錐が最初の位置で停止するようになりました。この状態だと、すべての角錐が同時に出現します。時間差が必要なければ、これで設定は終了です。

時間差を付ける

9 時間差を付けるには、それぞれの［切替距離］を変更するか、［速さ］を変えるかです。［速さ］の変更はタイミングの差が出やすく難しいため、［切替距離］を変更します。02 のトランスレーターを選択し、［切替距離］を「6.0 m」に変更します。位置が 1 mずれるので、02 の角錐のギズモの軸をアクティブにして「1」を入力します。

(10) 同様に 03 のトランスレーターを選択し、[切替距離] を「7.0 m」に変更します。位置が 2 mずれるので、03 の角錐のギズモの軸をアクティブにして「2」を入力します。ここでは手順⑤ですべての[切替距離]を 5 m に設定し、あとから 6 mと 7 mに修正しましたが、最初から 5 m、6 m、7 mと 1 つずつ設定してもかまいません。

(11) 3つのトランスレーターを選択して、ドックの[プレイ] を一度 Off にしてから再び On にし、時間差で元の位置にスライドするかを確認します。01 から 03 の順で元の位置に戻れば完成です。

COLUMN **完成イメージのオブジェクトの [切替距離]**

完成イメージ動画のオブジェクトも同様の方法でアニメーションを付けています。一番右の床板の [切替距離] は 15 m、左に行くにつれ 1 mずつ距離を追加しています。さらに柱、梁、家具などはスライド方向を変え、出現が遅いものほど [切替距離] を長く設定しています。

最後のほうに出現する家具の[切替距離]は 84 mです。さらにいろいろ試しながら[速さ]も調整しました。オブジェクトが増えれば、その分、手間がかかってしまいますが、家具だけを出現させるアニメーションでも、工夫のある楽しい動画になります。

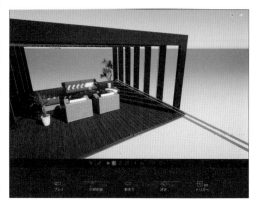 

床板は 1 枚ずつトランスレーターを設定　　　　　家具の切替距離は 84 m

064

建築工程アニメーション

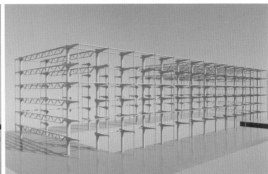

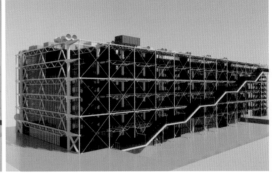

［メディア］の［フェーズ］を使うと、建築工程を可視化するアニメーションがつくれます。［フェーズ］は、シーングラフパネルのオブジェクトの表示／非表示を登録しながら、アニメーション化する機能です。［フェーズ］自体は書き出しができないので、［動画］でエクスポートします。

完成イメージ

フェーズを設定する

1 ドックの［メディア］から［フェーズ］をクリックします。［フェーズ作成］の＋マークをクリックします。

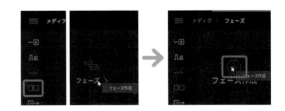

② 現在のビューポートの表示が「フェーズ1」と
して登録されます。ここでは完成モデルが表示
されているため、「フェーズ1」の右にある3つの点を
クリックして［削除］を選択するか、Delete キーを押
して「フェーズ1」を削除します。ビューポートに最初
のビューを表示していれば、この操作をせずに手順④に
進んでください。

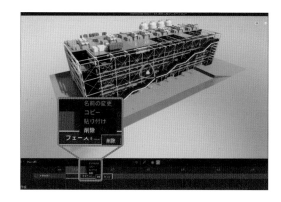

③ シーングラフパネルで最初のビューにするオブ
ジェクト以外をすべて非表示にします。ドック
の［フェーズ作成］の＋マークをクリックすると、新し
く「フェーズ1」が作成されました。

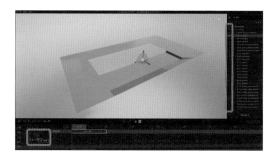

④ 同様にして、シーングラフパネルで次の工程に
したいオブジェクトを表示し、ドックの［フェー
ズ作成］の＋マークをクリックします。「フェーズ2」
が作成されました。

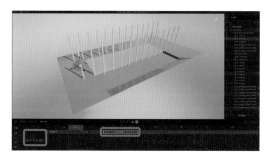

⑤ これを繰り返し、すべての工程をフェーズとして登録すれば完成です。「フェーズ」上部の紫の日付を右へドラッ
グすると、工程が進んでいく様子をビューポートで確認できます。

⑥ ドックには日付が表示され、各工程のスケジュールを設定できます。日付の左にある［詳細］をクリックすると［開
始日］や日付表示の On ／ Off が設定できます。ドック中央上部の［月数］をクリックすると、期間の表示（週、
1年など）が変更できます。ただし、これらの日付は動画には書き出せません。

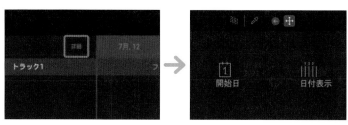

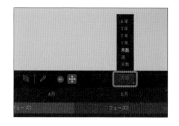

動画を作成する

① ドックの［メディア］から［動画］を選択し、［動画作成］の＋マークをクリックします（P.114）。新規動画のキーフレームが表示されたら、メニューの階層を使って1つ前の表示に戻ります。

② 作成した動画（ここでは「動画1」）の［More］をクリックします。ドックの表示が切り替わったら［フェーズ］をクリックして、動画にしたいフェーズ（ここでは「Phasing2」）を選択します。

③ メニューの階層を使って作成した動画（ここでは「動画1」）の表示に戻ります。キーフレームは1つしかありませんが、10秒の工程アニメーションとして動画が作成されます。これは動画としてエクスポートできます（P.117）。

 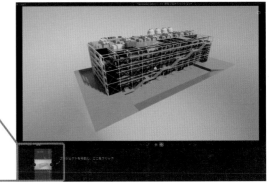

HINT 同時に別工程を走らせる

1つの工程だけでなく、別の工程も同時または重複して表示したいときは、ドックで「トラック」を増やします。任意の「フェーズ」を下へドラッグするだけで、トラックが追加されます。

フェードで場面が切り替わる動画

基礎編で動画を作成する方法を説明しましたが、キーフレームを追加しても、Twinmotion が自動的にキーフレーム間の動きを補完するため、シーンの切り替えはできません。パート機能を使うと、複数の動画（カメラルート）を一つの動画にまとめて書き出しすることが可能です。シーンの切り替え時にはフェードを設定することができます。

完成イメージ

視点のちがう動画を複数作成する

1 ドックの［メディア］から［動画］を選択します。［動画作成］の＋マークをクリックして、任意の動画（ここでは庭に視点を置いた動画）を作成します（P.114）。

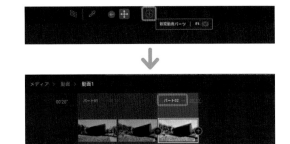

② ドック中央上部の［新規動画パーツ］ツールを
クリックします。ドックに「パート02」が追加
されます。

③ 「パート02」で視点を変えた動画（ここでは駐
車場）を作成します。この例ではもう一つ「パー
ト03」の動画（水盤側の視点）も作成しました。

④ ドック中央上部の［再生／停止］ツールをクリッ
クすると、各パートの境目で場面が切り替わる
ことが確認できます。エクスポート時にはこの3つの
パートを1つの動画として書き出せます。

切り替え時にフェードを設定

① ドックの「パート01」の右にあるパーツメニュー
（3つの点）をクリックし、［再構成］を選択します。

② 「パート01」のキーフレーム表示が1つになり、
下にはさみのマーク［トランジション］が表示
されます。これをクリックして［白にフェード］を選択
します。

③ 再生すると、「パート 01」と「パート 02」の切り替わり時に白いフェードがかかります。

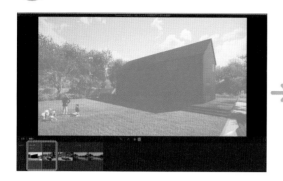

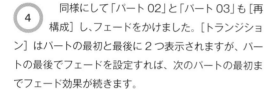

④ 同様にして「パート 02」と「パート 03」も[再構成]し、フェードをかけました。[トランジション]はパートの最初と最後に 2 つ表示されますが、パートの最後でフェードを設定すれば、次のパートの最初までフェード効果が続きます。

HINT [トランジション] のメニュー

[トランジション]の[カット]はデフォルトの状態です。何もフェードがかからず、視点が次のパートに切り替わります。[黒にフェード]は切り替わり時に黒いフェードがかかります。

 プチ

デザインテクニック **長いウォークスルーをパートで切り替え**

長い距離をウォークスルーで進む場合、1 つのパートだけで動画を作成すると冗長になりがちですが、パート機能を使えば視点を切り替えながら進めるので、見ている人を飽きさせない動画になります。

066

ワープする動画

1つのパート（P.222）内で同じキーフレームを複数作成すると、視点を瞬間的に移動する動画が作成できます。

完成イメージ

ワープする動画を作成する

1 ドックで［動画作成］の＋マークをクリックし（P.114）、4つの場所のキーフレームを作成しました。このまま再生すると4つの場所を移動しながらつなぐ、ダラダラとした動画になります。

② 最初のキーフレームを選択して、[キーフレームを作成] の＋マークを3回クリックします。最初と同じフレームが4つになりました。

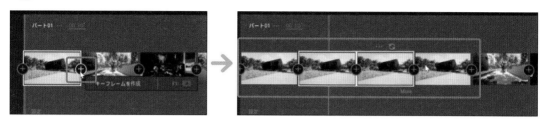

③ 同様にして、他のキーフレームも4つに増やします。

④ これで [再生 / 停止] ツール（P.210）をクリックすると、各場所で少し停止し、次の場所へワープ移動する動画が再生されます。

瞬間移動のしくみ

瞬間移動のように見える理由は簡単です。パート1つのデフォルトの再生時間は10秒です。キーフレームが多いほど1つあたりのキーフレームを再生する時間が短くなります。ここでは16個のフレームを作成したため、1つあたり 10 ÷ 16 = 0.625 秒で再生されます。1つの場所の再生時間が2.5秒、場所の切り替わりが0.625秒でおこなわれ、瞬間的に移動しているように見えます。切り替えスピードはキーフレームの増減で変化します。キーフレームの数は任意に調整してください。

067

アイレベルの高さを指定する

ビューポート内の目のアイコンから［ウォークモード］を選択すれば、一般的なアイレベル（目線の高さ）を設定できますが、その高さの指定はできません。プレゼンテーションならアイレベルを数値指定できるため、プレゼンテーション表示になるプレゼンターモードを併用して設定します。

アイレベルを高さ指定する

(1) 動画作成時の例で説明します。適当なアイレベル（ここでは低めに設定）で動画のキーフレームを作成します。

② F12 キーを押してプレゼンターモードにします。

③ 目のアイコンをクリックして［設定］→［設定］を選択します。表示された［設定］ダイアログの［視点高さ］で高さを数値入力して［OK］をクリックします。

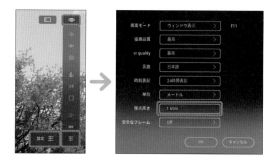

④ M キーを押してウォークモードにすると、指定した高さのアイレベルになります。

⑤ アングルを調整したら、再び F12 キーを押して Twinmotion に戻ります。プレゼンターモードでの表示がビューポートに反映されます。

⑥ キーフレーム上部の［リフレッシュ］をクリックして更新します。これで指定した高さのアイレベルになりました。

068

シーンの状態を保存する

ビューポートに表示されるシーンは、シーングラフパネルにあるオブジェクトの表示／非表示でコントロールしています。この表示／非表示の状態を保存しておくと、アングルはそのままで瞬時に違う表示に切り替えられます。インテリアのプランニングなどに便利な機能です。

シーンの状態を保存する

① シーングラフパネル下の［統計情報］のパネルを開き、パネル名右の▼をクリックして［シーンの状態］を選択します。

② 空のパネルが表示されます。パネル下にある＋マーク［シーンの状態の新規追加］をクリックします。

③ これで現在のシーングラフパネルの表示／非表示の状態が保存されました。右の３つの点をクリックして［名前の変更］を選択し、任意の名前（ここでは「ベース」）に変更します。

④ 手順②③の方法で、もう１つ状態をつくり、任意の名前（ここでは「家具なし」）を付けます。この段階では最初につくった「ベース」と同じ状態です。

⑤ シーングラフパネルで表示／非表示の状態を変更します。ここでは家具のコンテナ「Funiture_LDK」を非表示にしました。

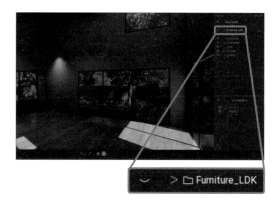

⑥ ［シーンの状態］にある「家具なし」の更新ボタンをクリックします。これで家具が非表示になった状態が保存されます。

(7) ［シーンの状態］で「ベース」「家具なし」をクリックするだけで、ビューポートの表示が変わります。

ベース

家具なし

HINT 静止画や動画作成時にも切り替え可能

静止画や動画を作成するときもシーンの状態を呼び出すことができます。静止画や動画の［More］をクリックして表示される設定から［カメラ］を選択すると、ドックの一番右に［シーンの状態］があります。これをクリックしてシーンの状態を選択できます。

プチ

デザインテクニック　別プランを保存しておく

インテリアで内装仕上げをいくつか提案するときなどは、壁や床のオブジェクトをコピーしたコンテナを用意し、コピーしたオブジェクトに別のマテリアルを適用しておきます。コンテナの表示／非表示を切り替えてシーンの状態を保存しておけば、すぐに別プランを表示できます。

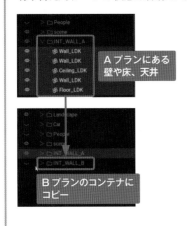
Aプランにある
壁や床、天井

Bプランのコンテナに
コピー

Bプランのコンテナでマテリアルを
変更し、AとBの表示を切り替え

OPERATION & SETTINGS TECHNIQUES

Twinmotion
操作・設定の解決テクニック

069

別ファイルのシーンを流用したい

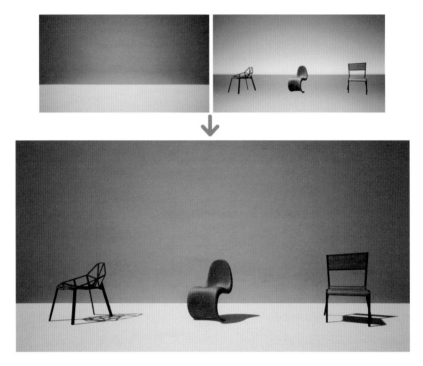

たとえば、現在開いている部屋のファイルに、以前作成した家具のシーンを流用したいときは［マージ］を使います。マージとは統合するという意味です。A のファイルと B のファイルを結合して C のファイルを作成します。

２つのファイルをマージする

1 ここでは部屋のファイルを開き、メニューの［ファイル］から［マージ］を選択します。バーガーメニュー（P.17）から［マージ］を選択してもかまいません。［マージ］ダイアログが開いたら［開く］をクリックします。

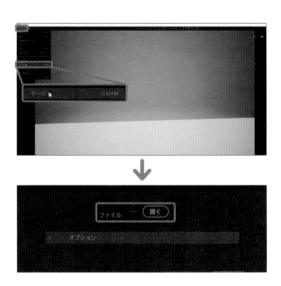

② ［インポート］ダイアログで流用したいファイル（ここでは家具のファイル）を選択して［開く］をクリックします。

③ ［マージ］ダイアログに戻ります。［オプション］を開いて［コピーを保存］にチェックが付いていることを確認して［OK］をクリックします。

> **HINT** ［マージ］ダイアログの［オプション］
>
> ［地形］はランドスケープのファイルのときに使用します。この例ではチェックは不要です。［コピーを保存］にチェックを付けると、右側の説明のように2つのファイルを統合したファイルが別名で保存され、元のファイルは変更されません。ここにチェックを入れておくことをおすすめします。

④ ［ファイルを保存］ダイアログが開きます。保存場所を指定し、マージ後のファイル名を入力して［OK］をクリックします。現在開いているファイルに流用したいファイルが統合されました。

 →

> **HINT** マージしたファイルを開いて確認する
>
> ファイルに使用されているオブジェクトによっては、うまくマージできない場合があります。また、マージを実行後、ビューポート上で統合されていても、ファイルを閉じて開き直すと統合されていないこともあります。マージしたあとはファイルを閉じて、もう一度開き、ファイルが統合されているかを確認してみてください。

070

プロジェクトで使うファイルを
1つにまとめたい

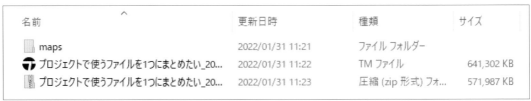

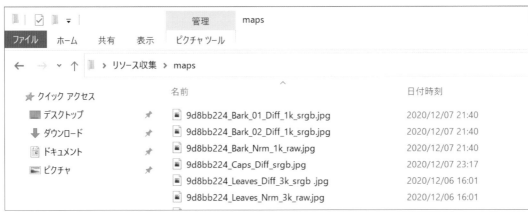

1つのプロジェクト(Twinmotion ファイル)に使われているテクスチャなどのファイルを収集して、1つのフォルダーにまとめたいときは、[リソース収集]を使います。

....

ファイルを収集する

① メニューの[編集]から[リソース収集]を選択します。[リソース収集]ダイアログが開いたら[開く]をクリックします。

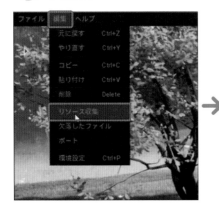 →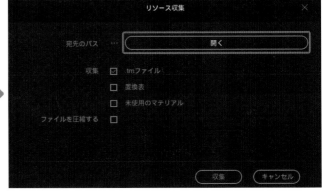

② ［フォルダーの選択］ダイアログでファイルをまとめて保存したいフォルダーを選択して［フォルダーの選択］をクリックします。

③ ［リソース収集］ダイアログに戻ります。ここでは［収集］の［.tm ファイル］と［ファイルを圧縮する］にチェックを付けて［収集］をクリックします。

④ 選択したフォルダーに Twinmotion ファイルと使用しているテクスチャ画像（「maps」フォルダー）、そして上記の 2 つをまとめて ZIP 化したデータが作成されました。
ZIP ファイルは、プロジェクトデータを作業メンバーと共有する際に便利です。

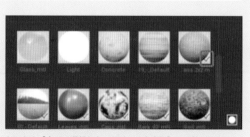

Twinmotion
操作・設定の解決テクニック

HINT ［リソース収集］ダイアログのオプション

チェックを付けるオプションの意味は次のとおりです。

［.tm ファイル］：現在開いている Twinmotion ファイルを含める
［置換表］：ユーザーが CSV ファイルで定義したマテリアル置換ルールを含める
※ 2022 バージョンで追加された機能です。詳しくは公式ページを参照してください。
［未使用のマテリアル］：シーン内に保存されている未使用マテリアル（一度適用してみたがやめたものなど）も含める
［ファイルを圧縮する］：収集したファイルを圧縮した ZIP ファイルを含める

ドックの［全て / 選択したマテリアルを表示］の一覧（P.45）でチェックが付いていないマテリアルが未使用マテリアル

ファイルが欠落したまま
起動してしまった

テクスチャなどのリンクファイルの場所が変わると、ファイル起動時に[欠落ファイル]ダイアログが開きます。
ここで再リンクすれば問題ありませんが、うっかり[OK]をクリックして起動してしまった場合は、メニュー
から[欠落ファイル]ダイアログを表示して再リンクします。

テクスチャを再リンクする

1 メニューの[編集]から[欠落ファイル]を選
択します。これで再び[欠落ファイル]ダイア
ログが開きます。[開く]をクリックします。

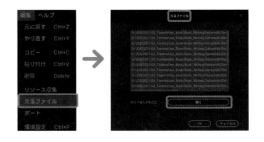

2 [フォルダーの選択]ダイアログでリンクファイルがあるフォルダーを選択して[フォルダーの選択]をクリッ
クします。欠落したファイルが再リンクされ、正しく表示されます。

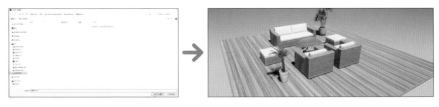

画面の背景色を変えたい

Twinmotion の画面の背景色は、黒（デフォルト）か白が選べます。

....

画面背景色を白にする

(1) メニューの [編集] から [環境設定] を選択して、
環境設定ダイアログを開きます。

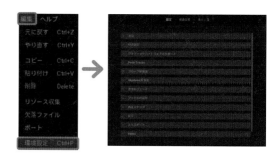

(2) [表示 / 音] の [画面背景色] の欄をクリックし、
[白] を選択して [OK] をクリックします。

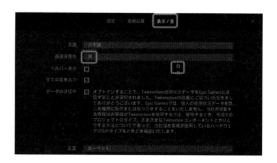

視点移動のスピードを変更したい

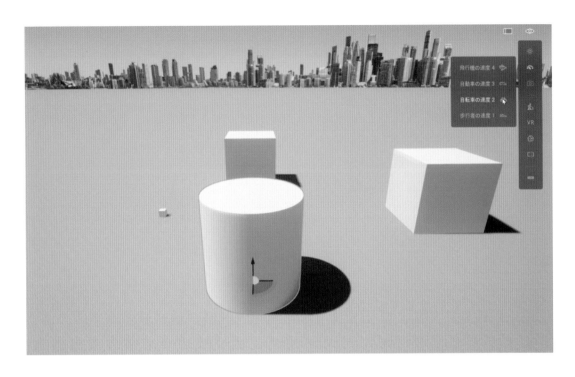

Twinmotion は、W、A、S、D キーまたは矢印キーで視点移動します。この移動スピードを変えたいときは［速度］を変更します。

速度を変更する

① ビューポートの目のアイコンをクリックし、［速度］をクリックすると4つの速度が表示されます。デフォルトは［自転車の速度］です。移動スピードを速くしたいときは［自動車の速度］や［飛行機の速度］、遅くしたいときは［歩行者の速度］を選択します。

> **HINT　速度のショートカットキー**
>
> 各速度名の後ろに1〜4の番号が付いています。これが各速度のショートカットキーです。ショートカットキーを使えば、選択画面を出さずに、すばやく速度の変更ができます。

よく使うアセットを
お気に入り登録したい

ライブラリパネルに用意されたアセットは、お気に入り登録できます。お気に入りに登録すれば、階層をたどって選択する手間が省けます。

お気に入り登録する

1 ライブラリパネルで任意のアセットを表示し、アセットの左上にあるハートマークをクリックします。これでお気に入りに登録されました。

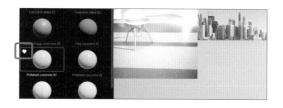

2 ライブラリパネルのカテゴリー名右側にあるハートマークをクリックすると、先ほど登録したアセットが表示されます。お気に入り登録したアセットは、ここから選択できます。

> **HINT** 調整したアセットは登録できない
>
> ドックで色や形を調整したアセットはお気に入り登録ができません。調整したアセットを登録したいときはユーザーライブラリを使います（次項参照）。

ユーザーライブラリに登録したい

ライブラリパネルの[ユーザーライブラリ]には、Twinmotion で調整したオリジナルのマテリアルやアセット、ダウンロードした TMI ファイルなどを登録できます。Twinmotion で調整したアセットと TMI ファイルでは登録方法が異なります。

調整したアセットを登録する

① ドックで色や反射などを調整したマテリアルを登録したい場合は、ドックのプレビュー上部にあるマテリアルメニュー（3つの点）をクリックし、[ユーザーライブラリに追加]を選択します。これでユーザーライブラリに登録されます。

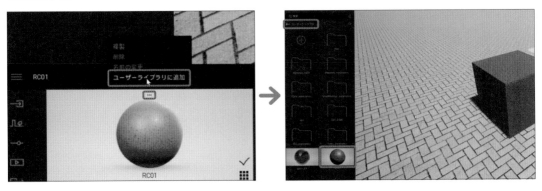

2 オブジェクトを登録したいときは、シーングラフパネルで登録したいオブジェクトを選択します。シーングラフメニュー(3つの点)をクリックし、[ユーザーライブラリに追加]を選択します。これでユーザーライブラリに登録されます。

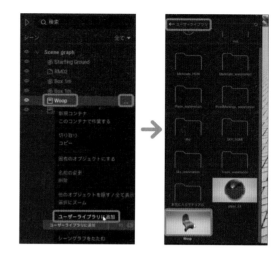

3 複数のオブジェクトをコンテナにまとめれば、コンテナごと1つのアセットとして登録することもできます。この例では4つの樹木を1つのコンテナにまとめ、「歩道植栽 SET」と名前を付けました。

4 このコンテナのシーングラフメニューから[ユーザーライブラリに追加]を選択すれば、コンテナごとユーザーライブラリに登録されます。

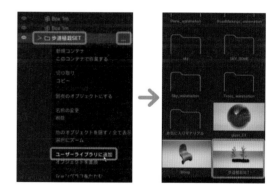

HINT ユーザーライブラリにフォルダーをつくる

ライブラリパネルから[ユーザーライブラリ]を開き、+マーク[フォルダの作成]をクリックします。作成された「新規カテゴリ」を右クリックして[名前の変更]を選択し、任意の名前を付けます。登録したマテリアルやオブジェクトをフォルダーに移動すればユーザーライブラリ内を整理できます。

外部データ（TMI ファイル）を登録する

1 圧縮されたデータの場合は解凍しておきます。TMI ファイル（.tmi）であることを確認してください。

2 Twinmotion でメニューの［編集］から［環境設定］を選択し、環境設定ダイアログを開きます。［設定］の［ファイルの場所］をクリックすると［ユーザーライブラリ］の項目が表示されます。右側のパスがユーザーライブラリのフォルダーパス（場所）です。このパス（場所）を覚えておきます。デフォルトでは以下の場所です。［OK］をクリックしてダイアログを閉じます。
C:/Users/（ユーザー名）/Document/Twinmotion 2022.1/UserLibrary

3 Windows で先ほど覚えたパスをたどってユーザーライブラリのフォルダーを開き、TMI ファイルをフォルダーに移動またはコピーします。複数の TMI ファイルが 1 つのフォルダーにまとまっている場合は、フォルダーごと移動できます。

4 Twinmotion を再起動して、ライブラリパネルの［ユーザーライブラリ］を開くと移動した外部データが表示され、使えるようになります。

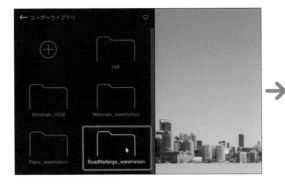 

バックアップを設定しておきたい

バックアップ（自動保存）は環境設定ダイアログの［保存］で設定できます。デフォルトは自動保存されない設定になっているので、万一に備えたいなら自動保存をオンにしておくとよいでしょう。

....

バックアップを設定する

① メニューの［編集］から［環境設定］を選択し、環境設定ダイアログを開きます。［設定］の［保存］をクリックします。

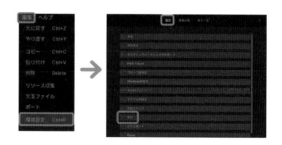

② 自動保存の設定が表示されます。［自動保存］にチェックを付けて、［保存間隔］、［世代数］（保存するファイルの数。世代数3の場合、4つ目からは古いものから順に上書き更新される）、［保存先］を指定します。設定が済んだら［OK］をクリックしてダイアログを閉じます。

077

PCの負荷を減らしたい①
草木の表示距離

[植栽ペイント] や [植栽分散] を使って草や木のオブジェクト（おもに芝）を大量に配置するとPCに負荷がかかり、画面移動がうまくいかなかったり、フリーズしたりします。このような時は環境設定の [草木のフェード] で、草木を近距離だけに表示する設定にするとPCの負荷が減らせます。

....

草木の表示距離を変更する

① メニューの [編集] から [環境設定] を選択し、環境設定ダイアログを開きます。

② [設定] の [草木のフェード] をクリックすると3つの距離が選択できます。デフォルトは [中距離] です。

［草木のフェード］はビューポートでどの範囲まで草木を表示させるかを設定する項目です。表示距離が小さい
ほど負荷が減ります。

近距離（手前から 10m 程度）

中距離（手前から 20 ～ 25m 程度）

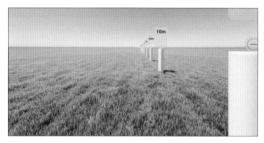

遠距離（手前から 30 ～ 35m 程度）

> HINT **草木の表示**
>
> 草木の表示は地平線に対して平行ではなく、円形
> に表示されます。

中距離（芝ではない草）

遠距離（芝ではない草）

④ 負荷を減らすなら、一番負荷の少ない［近距離］
を選択して［OK］をクリックします。

> HINT **レンダリングには影響しない**
>
> この設定はビューポートの表示のみに有効です。
> 画像書き出し時のレンダリングには影響はなく、配
> 置した草木すべてがきれいにレンダリングされま
> す。

PCの負荷を減らしたい②

描画品質の設定

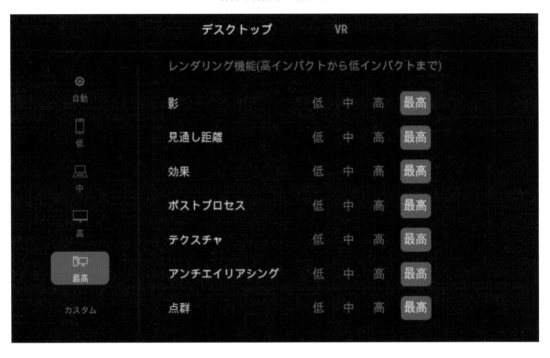

ビューポートでの描画品質は、通常、PCのパフォーマンスを測定して、自動で最適な品質に調整されています。この描画品質を下げることによって、PCの負荷を減らせます。

描画品質を下げる

① メニューの［編集］から［環境設定］を選択し、環境設定ダイアログが開いたら［描画品質］をクリックします。描画品質は低・中・高・最高の4つのレベルから選択でき、品質が高いほどPCへの負荷が大きくなります。初期設定では、PCに搭載されているグラフィックスカードに合わせたレベルに自動設定されます。

2 それぞれのレベルに設定したときの表示です。とくに影の表示に差が出ます。シーンで使用しているオブジェクトが多いほど描画の差が大きくなるため、使用している PC やファイルに合わせて品質を選んでください。適度な品質を選んで［OK］をクリックします。

低（影がなくすべてが簡易表示）

中（影は表示されるが、ジャギーやちらつきが目立つ）

高（ほぼ最高品質に近づくが、影などはまだ少し粗さがある）

最高（最終レンダリングとほぼ同等の品質）

HINT 個別の描画設定

ダイアログにある各項目で、描画品質を個別に設定することもできます。あまり変化がない項目もあるので、負荷を減らす目的なら、まとめてレベルを下げたほうが効果的です。

■品質を下げていくと影響を受ける部分例

　　影：影の精度が低くなり、低の場合は影が表示されない

　　見通し距離：植栽などのローポリゴン化

　　効果：バンプ・SSR・屈折的効果・フォグなどの精度が低くなる。低はすべて無効化

　　ポストプロセス：モーションブラー・AO・DOF・レンズフレアなどの精度が低くなる。低はすべて無効化

　　テクスチャ：テクスチャの解像度が低くなる

　　アンチエイリアシング：オブジェクトの縁にジャギー（ギザギザ）が目立つようになる。低は無効化

　　点群：最高にすると VRAM コストが高くなり、処理時間が長くなるが、出力品質が大幅に向上する

見通し距離＝低

影＝低

出力解像度を変更したい

静止画、動画ともにデフォルトでの出力解像度は 2K（1920 × 1080）サイズです。出力解像度は［More］で表示される設定項目の［形式］から変更できます。なお、体験版では［4K］は選択できず、カスタムも1920 以上に設定できません。

出力解像度を変更する

① 任意の静止画を作成し（P.110）、サムネイル右下の［More］をクリックします。ドックの表示が切り替わったら、一番右の［形式］を選択します。

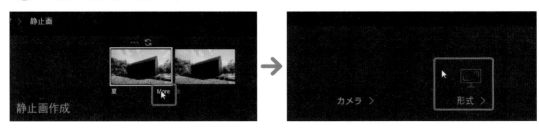

② ［出力解像度］をクリックすると、［2K］［4K］［カスタム］の３つから解像度を選択できます。ここでは［カスタム］を選択し、右下の［詳細］をクリックします。

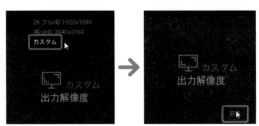

③ ［幅］と［高さ］の設定が表示されます。たとえば 1000 × 1000 などにすれば正方形で出力できますし、7680 × 4320 にすれば 8K サイズになります。あとは［エクスポート］して画像のサイズを確認します。

④ 動画も同じです。作成した動画の［More］（キーフレームの［More］ではありません）から［出力解像度］を選択して、任意の解像度に設定します。

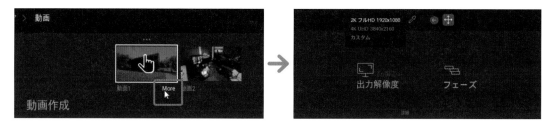

HINT 解像度の上げすぎに注意！

［出力解像度］の数値はどこまで上げられるかを検証したところ、筆者の PC では 8K サイズまではレンダリングできることを確認しました。設定上では 9000 まで入力可能ですが、出力時にクラッシュしてしまいました。高解像度での出力は PC の性能に依存します。クラッシュの原因となる可能性があるため、解像度を不必要に高くすることはおすすめしません。お使いの PC スペックや用途を考慮して設定してください。

ショートカットキーを知りたい

[ヘルプ] メニューからショートカットキーの一覧を表示できます。この一覧は PDF で表示されるため、必要に応じて PC に保存したり、印刷したりできます。

ショートカットキー一覧を表示する

1 メニューの [ヘルプ] から [ショートカットキー] → [日本語] を選択すると、ショートカットキー一覧が表示されます。

HINT おすすめショートカットキー

一覧の「キーボードリファレンス」にあるショートカットキーはよく使います。覚えておきましょう。

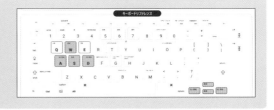

90 度 単 位 で 回 転 さ せ た い

オブジェクトの回転角度は、環境設定ダイアログの［角度スナップ］の値に拘束されています。この数値を「90°」にしてギズモの円弧部分をドラッグすると、90 度単位で回転するようになります。90 度にすると家具や車などを整列させやすくなって便利です。

....

角度スナップを設定する

1 メニューの［編集］から［環境設定］を選択し、環境設定ダイアログが開きます。［設定］の［角度スナップ］を展開し、「角度」の値を「90°」に変更して［OK］をクリックします。

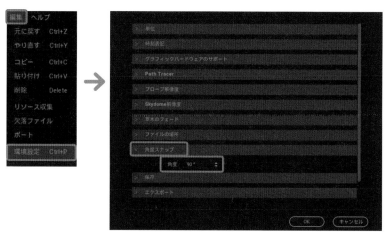

082

距離を測りたい

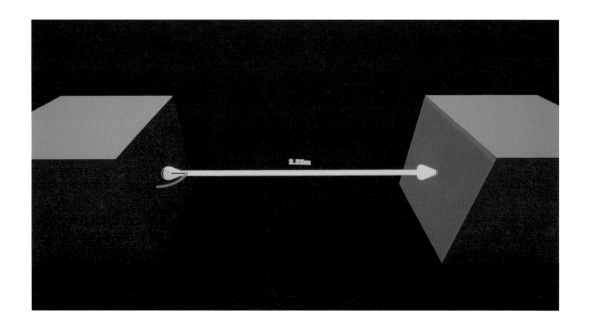

Twinmotion には精密に距離を測れる機能はありませんが、2つのオブジェクトの間を測るツールとして [メジャー]ツールが用意されています。建築では床から天井までの長さ(天井高)などを測るときに使えます。ツールオブジェクトとして配置されるため、寸法の代わりに使ってもよいでしょう。

2つのオブジェクト間の距離を測る

① ライブラリパネルの [ツール] → [メジャー] を開きます。「Measure Tool」をオブジェクトの間の片方の面にドラッグ & ドロップします。

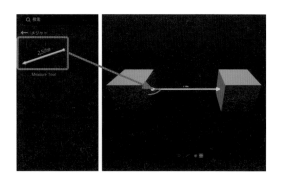

2 ツールオブジェクトの矢印の先端が自動的にもう一方の面を指し、軸上にオブジェクト間の距離が表示されます。これで距離が確認できました。

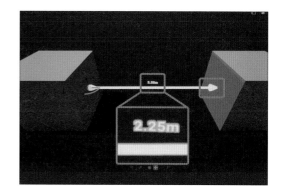

3 ドックの［色］でオブジェクトの色替えもできます。その他、［制約］を Off にすると先端が矢印から丸になり、［文字位置］は値を大きくすると文字が矢印側、小さくすると根元側へ寄ります。

4 2つのオブジェクトの間隔を変更しても、ツールが自動的に追随して変更された距離が表示されます。ただし、片方を対面しない位置へ移動してしまうと、距離は計測できません。

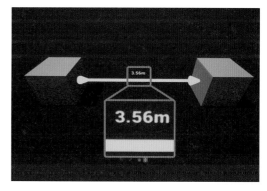

083

自動車パスの車を替えたい

[自動車パス]に出現する車はランダムに設定されるため、ユーザーは車種を選べません。パスを作り直せば、またランダムな車に入れ替わります。この特性を利用して、希望の車が出るまでパスをコピーしまくります。いわゆる「Car ガチャ」です。

自動車パスをコピー＆ペースト

1 自動車パスを作成（P.122）し、シーングラフパネルで自動車パスを選択します。

現在の車

② Ctrl + C キーを押した後に、Ctrl + V キーを押してパスをコピペします。車が替わりました（ここではコピー元のパスは非表示にしています）。これを希望の車になるまで繰り返し、ハズレのパスは削除します。

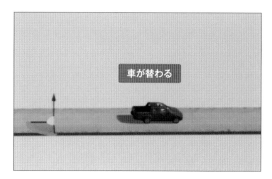

HINT シーングラフパネルメニューでの操作

ショートカットキーではなく、シーングラフパネルメニューの［コピー］［ここに貼り付け］でもパスのコピーはできますが、この方法だとコピーしたパスに親子付けされてしまうため、親子付けをはずす操作が必要です。

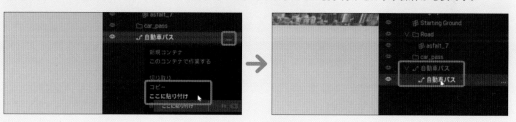

---

③ もちろん、パスを作成し直しても車は変わります。ただ、パスが複雑な形なら、コピペのほうが速くて簡単です。車の台数が多くてもランダムに車種が変わりますが、台数が増えるほど希望の状態に持っていくのは、ハードルが高くなります。

HINT 「元に戻す」でもできる！

パスを選択した状態で Delete キーを押し、いったんパスを削除します。そのあと「元に戻す」のショートカットキー Ctrl+Z キーを押しても、車種が変更されます。

HINT 注意！ 2022.1 でのバグ

2022年1月現在、Twinmotion2022.1.0バージョンでは、この操作を行うと人が車から飛び出るバグが発生しています。

084

ライトの強度をもっと上げたい

ライトの［強度］はバーで設定すると最大値は「10000lm」です。しかし、数値入力すると 10000 以上の強度が設定できます。

ライトの強度を数値入力する

1 スポットライトを配置し、ドックの［強度］を最大値の「10000lm」に設定しました。バーではこれ以上、上へドラッグできません。

→

② ［強度］の数値をクリックして青く反転させると入力可能な状態になります。「55555」と入力すると、さらに明るくなりました。

③ 数値入力の最大値は「1000000」(100万)です。「10000」以上の数値を入力しても、バーをクリックまたはドラッグすると最大値が「10000」に戻ります。

HINT　最大値を超えられるのは［強度］だけ

バーの最大値を超えて数値入力できるのは［強度］だけです。他のライトの調整項目［色］や［角度］、［減衰距離］はバーの最大値以上の数値は入力できません。

鏡面反射の精度を上げたい

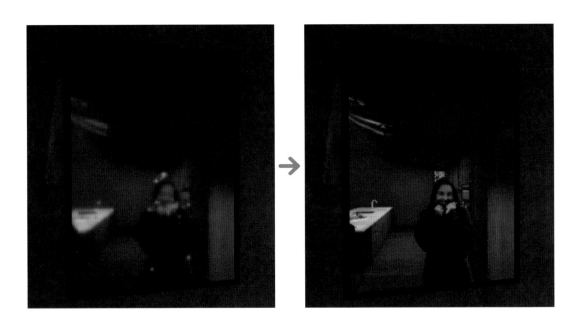

鏡面反射を設定したとき（P.182）、鏡などに映るオブジェクトが不鮮明な場合は、環境設定の［プローブ解像度］の数値を上げて解像度を調整します。

プローブ解像度の設定

1 メニューの［編集］から［環境設定］を選択して、環境設定ダイアログを開きます。

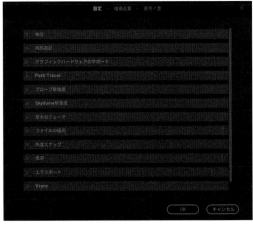

② [設定]の[プローブ解像度]をクリックして開き、[描画]の数値を現在の設定より高い数値に変更します。[OK]をクリックします。

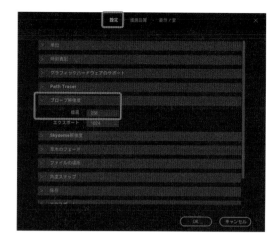

③ リフレクションプローブを配置した鏡面反射の精度が上がります。

プチ

デザインテクニック **[エクスポート]だけ最高解像度に上げておく**

[プローブ解像度]で選択できる最高解像度は「1024」です。[描画]を「1024」にしておけば、いつでもはっきり見えますが、PCに負担がかかるため、スペックによっては動作が遅くなってしまいます。動作が遅くなるようなら、多少不鮮明でも[描画]は全体がわかる程度の解像度にして、[エクスポート]だけを「1024」に設定します。これでPCの負担は出力時（静止画・動画）のみとなり、普段の作業への影響が少なくなります。

視点を決まった位置に戻したい

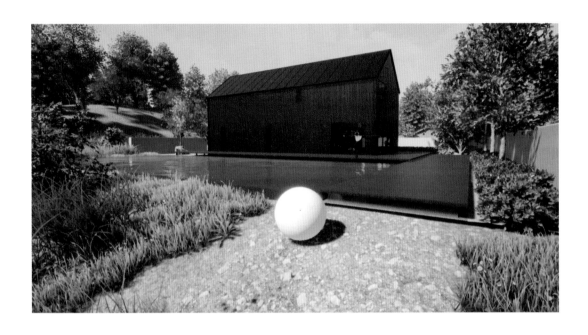

都市の 3D データを使用したときや、広大なランドスケープを作成したときなどに広範囲に移動しても一瞬で決まった位置に視点を戻す方法です。この方法には静止画を使う方法とブックマークオブジェクトをつくる方法があります。

....

静止画を使う

(1) 戻りたい位置の静止画を作成しておきます（P.110）。別の場所に視点移動したあとに、戻りたい位置の静止画をクリックします。

(2) クリックした静止画の位置に戻ります。

ブックマークオブジェクトをつくる

(1) ビューポートに戻りたい位置のシーンを表示し、ライブラリパネルの［プリミティブ］から任意のプリミティブ（ここでは「Sphere 1m」）をドラッグ＆ドロップします。

(2) シーングラフパネルで配置したプリミティブに適当な名前（ここでは「bookmark001」）を付けます。このプリミティブがワープポイントになるブックマークオブジェクトです。戻りたい位置が複数あるときは、同様にして複数のプリミティブを配置します。

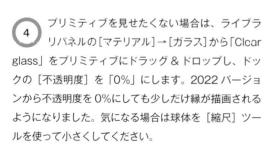

(3) 別の場所に視点移動したあと、シーングラフパネルでプリミティブ（ここでは「bookmark001」）を選択してFキーを押すと、選択したプリミティブが画面に表示されます。Fキーは選択したオブジェクトに視点を移動するというショートカットキーです。

(4) プリミティブを見せたくない場合は、ライブラリパネルの［マテリアル］→［ガラス］から「Clear glass」をプリミティブにドラッグ＆ドロップし、ドックの［不透明度］を「0%」にします。2022バージョンから不透明度を0%にしても少しだけ縁が描画されるようになりました。気になる場合は球体を［縮尺］ツールを使って小さくしてください。

087

プレゼンテーションを
オンラインで共有したい

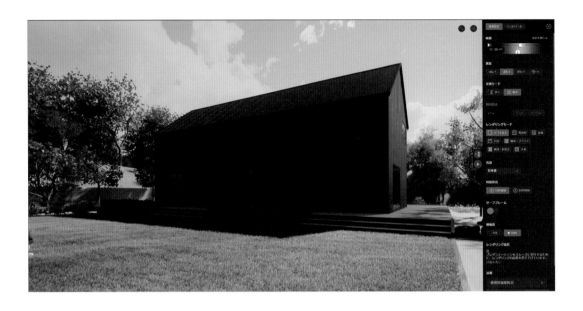

ウェブブラウザでプレゼンテーションを操作できる「TWINMOTION CLOUD」を使えば、重いプレゼンテーションデータを受け渡しすることなく、オンラインで共有できます。※解説は 2022 年 1 月現在の早期アクセス版を使用しています。以降のアップデートで画面が変更される可能性があります。

データをアップロードする

1 プレゼンテーションデータを作成しておきます（P.118）。ドックの［エクスポート］から［クラウド］の［プレゼンテーション］をクリックし、エクスポートするプレゼンテーションを選択します。

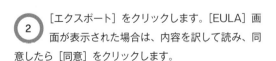

2 ［エクスポート］をクリックします。［EULA］画面が表示された場合は、内容を訳して読み、同意したら［同意］をクリックします。

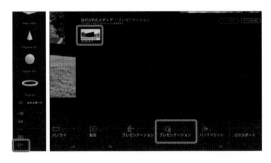

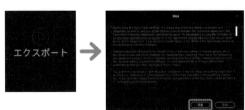

③ ［クラウドにアップロード中］画面が表示され、データがクラウドに転送されます。「エクスポート完了」と表示されたら［Twinmotion Cloud を開く］をクリックします。

④ ウェブブラウザが起動し、アップロードしたプレゼンテーションが表示されます。右側のサムネイル部分の「表示」と書かれている部分をクリックするとプレゼンテーションが実行でき、その下の3つの点をクリックすると［プレゼンテーションの名前変更］［プレゼンテーションを削除］が選択できます。

クラウドで共有する

⑤ ブラウザ右の画面下に URL とパスワードが発行されます。この URL とパスワードを共有した人はウェブ上からアクセス可能になります。パスワードが不要な場合は［パスワードを有効化］をクリックしてパスワードを解除してください。［新しいパスワードを作成］をクリックすると、ランダムで新しいパスワードが発行されます。

⑥ URL にアクセスし、パスワードを入力して［プレゼンテーションに参加する］をクリックすると、アップロードしたプレゼンテーションデータが表示されます（接続とロードに時間がかかる場合があります）。ローカルのプレゼンテーションと同様にキー操作で視点移動ができ、［設定を開く］ボタンをクリックして開いたパネルで、各種設定ができます。画面右側中央部分の2つのボタンからサムネイル表示ができます。

088

作成したファイルを
Unreal Engine4 で使いたい

Twinmotion のファイルは Unreal Engine4（以下 UE4）でインポートできます。ここでは UE4 にインポートしてファイルを開くまでの流れを簡単に説明します。※ 2022 年 1 月現在、Twinmotion 2022 データの UE4 へのインポートは対応していないため、ここでは Twinmotion 2021 データと UE4.27.2 を使用して解説しています。以降、Twinmotion、Unreal Engine、プラグイン等のバージョンアップにより操作方法やインポート可能な条件が変わる可能性があります（この機能はまだベータテスト中のものになりますので、不具合等のサポートは行っていません）。

UE4 でインポートする

1 まずプラグインを UE4 にインストールします。Epic Games Launcher のマーケットプレイスから「Datasmith Twinmotion Importer プラグイン」と「Twinmotion Content for Unreal Engine プラグイン」を入手して UE4 にインストールします。

(2) UE4 を起動します。「プロジェクト選択または新規作成」で「建築、土木、建設」を選択して［次へ］をクリックし、「テンプレート選択」で「Blank」を選択して［次へ］をクリックします。

(3) 「プロジェクト設定」が開きます。「スターターコンテンツ無し」と「レイトレーシング有効」を選択し、保存場所とファイル名を指定して［プロジェクト作成］をクリックします。

HINT レイトレーシングは高負荷

読み込んだデータにはライトマップがないため、ここでは「レイトレーシング有効」にしました。レイトレーシングを有効にすると PC の負荷が高くなります。

---

(4) プロジェクトファイルが開いたら、インストールしたプラグインを確認します。メニューの［編集］から［プラグイン］を選択します。

(5) ［プラグイン］ウィンドウが開きます。「Twinmotion」で検索し、インストールした2つのプラグインを確認できたら、それぞれの［有効］にチェックを入れて［今すぐ再起動］をクリックします。再起動しないとプラグインが使えません。

6 UE4 が再起動したら［コンテンツブラウザ］ウィンドウの［コンテンツ］に Twinmotion ファイル用の新規フォルダを作成します。

7 ［Unreal Datasmith ファイルをインポート］ボタンをクリックし、［Datasmith をインポート］ダイアログからインポートしたい Twinmotion ファイルを開きます。

8 ［Datasmith コンテンツをインポートする場所を選択します］でインポート場所を選択して［OK］をクリックします。［Datasmith インポートオプション］はデフォルトのまま［インポート］をクリックします。

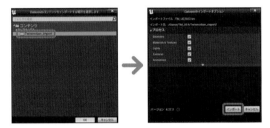

9 インポートが始まります。重いファイルの場合はインポートに時間がかかります。インポートが終了するとファイルが開きます。

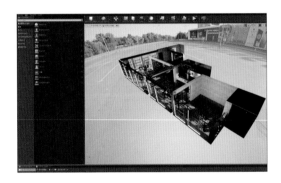

10 マテリアルやアセットは問題なく読み込まれますが、ライティングや各種の調整などは UE4 で再設定が必要です。

UE4 での表示

Twinmotion での表示

089

パストレーサーを使いたい

2022 バージョンで「パストレーサー（Path Tracer）」というレンダリング機能が追加されました。既存のリアルタイムレンダリングでは表現できなかったグローバルイルミネーションやマテリアルの反射／屈折などが表現できます。パストレーサーの実行には条件を満たす PC スペックが必要です。条件を満たさない PC ではパストレーサーは使用できません。詳しくは Twinmotion サポートサイトの公式ドキュメントを参照してください。

パストレーサーでレンダリングする

1 パストレーサーはドック中央上部にある、[Path Tracer をオン / オフする切り替えボタン] をクリックするか、ドックの[設定]から[レンダラ]→[Path Tracer]をクリックしてオンに設定します。ショートカットキーは R キーです。

2 オンにすると、レンダリングが始まります（図はレンダリングの計算中の画面）。レンダリングには時間がかかります。また、視点移動すると再計算によるノイズが発生しやすいので、現状では静止画に使うことをお勧めします。

③ パストレーサーをオンにするとドックの［設定］
→［レンダラ］にパストレーサーの設定項目が
表示されます。ドック中央上部の［Path Tracer をオ
ン／オフする切り替えボタン］の左にあるボタンを長押
しすると、レンダリング品質を選択できますが、この品
質はドックの［サンプル数］［最大バウンス］の値で決
められています。レンダリング品質の値は、環境設定ダ
イアログ（P.258）の［Path Tracer］でカスタマイズ
できます。

パストレーサーの設定項目

レンダリング品質の
選択

環境設定ダイアログの［Path Tracer］

パストレーサーの明るさを調整する

① パストレーサーでのレンダリングは、光源が少
ない場所だと暗くなりがちです。明るくしたい
ときは、ドックの［設定］→［ライト］で調整します。
［skydome］を配置していればオンにし、［詳細］の［強
度］を上げれば明るくなります。［露出］と［太陽の強度］、
［環境光］でも明るく調整できます。

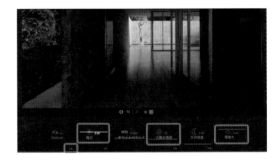

② ［skydome］の［詳細］の［強度］を3から10
に上げた結果です。外光が明るくなったため、
光がバウンスして内部も明るくなりました。

プチ

デザインテクニック ## 影をやわらかく表現する

ドックの［設定］→［ライト］にある［太陽の強度］の［詳細］をクリックし、［太陽の大きさ］の値を
上げると、遠くの影が薄くなり、影をやわらかく表現できます。値を「0」にすると、すべての影がはっ
きりと表現されます。これはパストレーサー使用時のみ有効な影の表現方法です。

太陽の大きさ＝10

太陽の大きさ＝0

INDEX

INDEX

◆ 著者

wanimation （ワニメーション）

2006 年建築 CG 制作会社に入社。スーパーゼネコン・大手設計事務所・有名アトリエ系設計事務所の設計競技または設計業務用の建築 CG を多数請け負う。2019 年フリーランスで活動開始。同時に Unreal Engine4 や Twinmotion を使用した建築プレゼン用 CG 制作を始める。2021 年『WANIMATION.LLC』設立。現在、建築向けの CG 制作（静止画・動画・VR 制作）を業務とし、複数の Twinmotion 関連のセミナー登壇や企業・個人向けの Twinmotion レクチャーも行っている。

HP : https://www.wanimation2910.com/
Twitter : @wanimation2910
YouTube : https://www.youtube.com/c/wanimationstudio

Twinmotion デザインテクニック

2022 年 4 月 5 日　初版第 1 刷発行
2023 年 1 月 13 日　　第 2 刷発行

著者　　　wanimation
発行者　　澤井聖一
発行所　　株式会社エクスナレッジ
　　　　　〒 106-0032　東京都港区六本木 7-2-26
　　　　　https://www.xknowledge.co.jp/

● 問合せ先
編集　　TEL 03-3403-5898　FAX 03-3403-0582
　　　　e-mail : info@xknowledge.co.jp
販売　　TEL 03-3403-1321　FAX 03-3403-1829